A级选手成长路径

水藏玺 ◎ 著

中国纺织出版社有限公司

内 容 提 要

本书对A级选手成长路径、心态修炼、能力成长、职业发展等方面进行了系统阐述，旨在帮助企业培养和造就一大批A级选手，也让每一位员工有意愿、有方法把自己打造成团队不可或缺的A级选手，让员工在帮助企业取得成功的同时也成就自己精彩的职业生涯。

本书是作者在帮助近千家企业进行人才培养的基础上总结出来的方法，既可以作为企业内部的培训教材，也可以作为核心员工案头必读书，相信本书可以帮助企业和员工实现双赋能。

图书在版编目（CIP）数据

A级选手成长路径 / 水藏玺著．--北京：中国纺织出版社有限公司，2023.1
ISBN 978-7-5180-9872-9

Ⅰ．①A… Ⅱ．①水… Ⅲ．①企业管理—人事管理 Ⅳ．①F272.92

中国版本图书馆CIP数据核字（2022）第172730号

责任编辑：向连英　　责任校对：高　涵　　责任印制：储志伟

中国纺织出版社有限公司出版发行
地址：北京市朝阳区百子湾东里A407号楼　邮政编码：100124
销售电话：010—67004377　传真：010—87155801
http://www.c-textilep.com
中国纺织出版社天猫旗舰店
官方微博http://weibo.com/2119887771
三河市延风印装有限公司印刷　各地新华书店经销
2023年1月第1版第1次印刷
开本：710×1000　1/16　印张：12.75
字数：205千字　定价：49.80元

凡购本书，如有缺页、倒页、脱页，由本社图书营销中心调换

前言 Preface

时代呼唤 A 级选手

从 2012 年起,中央电视台纪录频道、综合频道、综艺频道、财经频道先后播出了一部收视率极高的大型纪录片——《超级工程》。在该纪录片中,港珠澳大桥、上海中心大厦、北京地铁网络、海上巨型风机、超级 LNG 船、中国路、中国桥、中国车、中国港等一系列超级工程让中国人扬眉吐气,大家纷纷为中国的这些超级工程点赞。这部纪录片将镜头对准了参与这些超级工程建设的普通人,真实记录了他们的智慧、生活、情感、梦想以及工作中的点点滴滴,生动、鲜活地为观众展示了一个个超级工程背后的故事。

时间转到 2019 年年初,"大国工匠年度人物"颁奖典礼在中央电视台播出,这些 2018 年度大国工匠年度人物来自国防军工、电子科技、石油钻探、文物修复等多个行业,有焊接火箭发动机的大师,有高铁焊接的顶级技师,有被誉为"世界带电作业第一人"的特高压带电检修工,有我国第一代核燃料师,有打破国际技术封锁和垄断的技术工人,有为北斗导航等国家重点工程做出突出贡献的高级技师,有"天眼"射电望远镜装配工,有坚守大漠油田的"土发明家",还有年近 90 岁仍坚守一线的文物修复保护专家等。在这些人当中,有些人为了一项工作兢兢业业坚持了几十年,在自己平凡的岗位上做出了不平凡的成就;有些人利用自己的专业技能和对工作的满腔热血、尽职尽责、力求完美,最终创造出让世人惊叹的奇迹。

还有，2022年4月16日，在全国人民的注视下，神舟十三号载人飞船以近乎完美的姿态安全降落在东风着陆场，在经过6个月的空间站工作后，航天英雄翟志刚、王亚平、叶光富安全返回祖国母亲怀抱。试想一下，从6个月前的火箭点火起飞那一刻起到此时此刻，有多少人为了航天员的安全以及空间站运行日夜坚守，这背后的每一个人都是在创造不平凡！

前段时间看到一篇报道，任正非先生表示华为目前至少有700多位数学家、800多位物理学家、120多位化学家、6000多位专门从事基础研究的专家，还有6万多位工程师，他们共同构建起了华为庞大的研发系统，让华为快速赶上时代步伐，抢占重要的制高点。可以看得出来，华为人才战略确实比一般企业要高出很多，正因如此，华为成就了让世界瞠目结舌的经营业绩。就在前段时间华为消费业务誓师大会上，任正非先生带领高管团队喊出"三年1000亿美元，五年1500亿美元"的宏伟目标。

我们在感叹这些超级工程、大国工匠、航天英雄以及华为取得巨大成就的同时，需要思考一个问题，他们是如何做到的？如何才能让更多人积极参与到"中国梦"建设过程当中来？

跟随镜头我们不难发现，这些人都有一些共同的特征：热爱自己所从事的工作，并以此为荣；以国际标准要求自己；全神贯注做好每一件事情；虽然有些工作很乏味，但他们仍能做到常年累月的坚持和执着……正因如此，他们才造就了一个又一个超级工程，抒写着自己平凡而伟大的人生之路。

一个超级工程需要大国工匠，企业内部又何尝不是如此，一家伟大的企业，同样需要大国工匠。试想一下，一家公司如果每个岗位都能有一批符合以上特征的大国工匠，这家企业的成功只是时间问题！

在本书中，我们把符合以上特征的人都称为A级选手，我们认为能否造就和培养一大批A级选手在很大程度上决定企业的成败。在本书中我们提出，对于企业而言，"制定高标准，请到并不断培养A级选手。除非不想做好，否则永远不要让B级、C级选手充斥到团队""能否选对人决定企业的成败。如果请来C级选手，企业就会永失竞争力；如果请来B级选手，企业做得也许还行，但永远别想突破；只有请来 A 级选手，不论追求什么，企业都会获得成功"。可以看得出来，A 级选手是决定企业事业成败的关键。

我想以上观点对于任何一家企业都是非常适合的，但很多员工会想，那是公司的事情，与我个人又有什么关系呢？为了消除员工的这种疑虑，本书从另外一个角度进行了阐述。在本书中我们也提出对于员工个人而言，"制定高标准，严格要求自己，努力成为 A 级选手，否则你将丧失职业竞争力与发展机遇""如果你是一名合格的 A 级选手，你可以帮助团队获得成功；如果你只是 B 级选手，你在团队中也许还行；如果你是 C 级选手，那么请你记住：团队业绩一定会因你的存在而受到很大影响"。因此，努力把自己打造成为一名合格的 A 级选手，并成为团队不可或缺的人，这对员工的职业发展是至关重要的。

本书将对 A 级选手成长路径、A 级选手心态修炼、A 级选手能力成长、A 级选手职业发展等多个方面进行系统阐述，旨在帮助企业培养和造就一大批 A 级选手，也让每一位员工有意愿、有方法把自己打造成团队不可或缺的 A 级选手，让员工在帮助企业取得成功的同时也让员工自己的职业生涯更精彩。

本书是在我们帮助近千家企业进行 A 级选手培养的基础上逐渐摸索和总结出来的方法论，适合绝大多数企业，可以作为企业内部的培训教材，也可以作为核心员工案头必读书，相信本书一定可以帮助企业和员工实现双赢。

本书写作过程中，信睿咨询的全体顾问及全国合伙人贡献了诸多智慧和经验，在此表示感谢。

当然，限于个人能力、学识与资历，书中难免存在不足之处，恳请广大企业家、同行、读者朋友不吝批评与指正，我愿与大家共同成长。谢谢。

水藏玺

2022 年 7 月于深圳前海

目 录

第一章 你是A级选手吗 ········· 001

一、什么是A级选手 ········· 002
二、企业需要A级选手 ········· 003
三、员工更应成为A级选手 ········· 004
四、怎样成为A级选手 ········· 005
五、A级选手成长路径 ········· 020

第二章 深谙经营之道 ········· 023

一、企业经营的本质 ········· 024
二、第三代企业经营 ········· 026
三、信睿SMART-EOS企业经营系统 ········· 029
四、企业生命周期与经营系统升级 ········· 035

第三章 确保方向一致 ········· 039

一、把梦变成共同的梦 ········· 040
二、企业发展战略规划与实施 ········· 040
三、年度经营计划制订与管理 ········· 048

第四章 做好计划执行 061

一、做好经营目标分解 062
二、签订目标责任书 065
三、编制行动计划 066

第五章 善于流程优化 073

一、什么是流程 074
二、第五代流程管理 080
三、流程规划 084
四、流程现状描述与问题分析 094
五、流程优化与再造 099
六、甘做流程变革的急先锋 105

第六章 精于解决问题 109

一、什么是问题 110
二、问题从哪里来 112
三、发现问题,成功一半 114
四、分析问题,抽丝剥茧 122
五、解决问题,庖丁解牛 131
六、杜绝问题,绝薪止火 137
七、做一个善于解决问题的A级选手 139

第七章 无缝融入团队 143

 一、什么是团队 144
 二、优秀团队需要树立的五种意识 146
 三、如何构建团队 148
 四、做一个团队不可或缺的A级选手 155

第八章 静心修炼心态 159

 一、A级选手心态修炼 160
 二、A级选手感恩心态修炼 163
 三、A级选手创业心态修炼 164
 四、A级选手积极心态修炼 165
 五、A级选手游戏心态修炼 167
 六、A级选手共赢心态修炼 168

第九章 A级选手多元化发展与立体化激励 169

 一、你是真正的A级选手吗 170
 二、A级选手多元化发展 172
 三、A级选手立体化激励 183

参考文献 189

附录 191

第一章 你是A级选手吗

无论一个人从事什么样的职业，总期望能比别人更优秀，总期望自己的工作业绩独领风骚。本书把"至少有90%的可能实现排名在前10%的选手能够达成的工作业绩"这样的人都称为A级选手，这样的A级选手不仅企业需要，更是每个人心目中理想的自己。

一、什么是A级选手

你是A级选手吗？

面对这样一个问题估计很多人都会说：不是。为什么呢？因为在大部分人的心目中，A级选手一定是超人（Superman），一定是凤毛麟角的，一定是鸟中凤、人中龙，按照这种推理，要想成为A级选手确实是一件很难的事情。

实则不然。根据美国著名管理专家斯玛特和斯特里特在《聘谁：用A级招聘法找到最合适的人》一书中给出的定义：A级选手就是他至少有90%的可能实现排名在前10%的选手能够达成的工作业绩。

可以看得出来，按照斯玛特、斯特里特给出的定义，其实成为A级选手并不是遥不可及的，也并不是只有少数人才能做得到的。

为了让读者朋友更加直观地理解A级选手，本书将A级选手的标准确定为：

（1）快乐地做必须做的每一件事情。

（2）每一件事情都要达到120分的标准。

（3）常年累月坚持这种做法。

请注意这3条标准之间的递进关系。首先，A级选手在工作的时候心态是快乐的，而不是愁眉苦脸的，因为快乐的心态更容易让人拥抱工作以及忘我地投入；其次，A级选手做事的时候并不是草草做完了事，而是要超越一般人的水准，甚至超越公司及团队的期望值，达到120分的标准，而不是把某一件或某几件岗位必须做的事情达到120分的水准，而是全部工作；最后，关键还是要坚持每天、每周、每月、每季、每年，甚至常年累月都要达到这种水准。

只有满足以上条件的人，本书认为都是A级选手，正如前言中提到"超级工程"的诸多参与者，以及"大国工匠"中评选出来的那些焊接技师、特高压带电检修工、"天眼"射电望远镜装配工、大漠油田的"土发明家"、文物修复保护专家等，华为那些兢兢业业、恪尽职守的工程师、化学家、物理学家、数学家，还有为了神舟十三号安全发射及返回的航天英雄们。由此可见，A级选手其实与职业无关，任何职业都需要A级选手，任何职业都会成就A级选手，同时我们发现优秀的企业在每个岗位上都有A级选手，而平庸的企业在很多岗位上都充斥着B级选手、C级选手。换言之，A级选手成就伟大企业，B级、C级选手注定会使企业更加平庸。

二、企业需要A级选手

如前文提到任何一家企业想要与众不同，要想在市场中占有一席之地，追求卓越，甚至基业长青，就必须具备成功企业的核心要素。有人把企业成功的核心要素归结为两个方面，即成功的战略、组织能力。

其中，成功的战略可以用三句话来概括：

（1）满足顾客某种至关重要的需求。（顾客是谁？顾客的至关重要的需求是什么？企业的产品与服务可以为顾客提供至关重要需求的点在哪里？）

（2）以优于竞争对手的方式加以执行。（竞争对手的核心优势是什么？在哪个方面可以领先竞争对手？具体的做法是什么？）

（3）持续保持这种优势。（竞争优势如何保持？竞争优势能够保持多久？有什么办法能使这种优势长久保持？）

如果一家企业从战略的角度能够对以上问题都有明确的答案，我们就认为企业的战略是清晰的。对于企业的成功而言，战略确定了方向，明确了目标。就如彼得·德鲁克曾经说的："经营目标可以被比作轮船航行用的罗盘。罗盘是准确的，但在实际航行中，轮船却可以偏离航线很远。然而如果没有罗盘，航船既找不到它的港口，也不可能估算达到港口所需要的时间。"由此可见战略对企业的重要性。

组织能力指的不是个人能力，而是一个团队（不管是10人、100人或是10000人的团队）所发挥的整体战斗力，是一个团队（或组织）竞争力的DNA，是一个团队在某些方面能够超越竞争对手、为客户创造价值的能力。国内管理专家杨国安在《组织能力的杨三角》一书中将组织能力分为三个维度，即员工能力、员工思维模式、员工治理方式（图1-1）。

（1）员工能力，是指企业全体员工是否（包括中高层管理团队）具备能够实施企业战略、打造所需组织能力的知识、技能和素质。

```
                    员工能力
                      △
                    /   \
                   /     \
                  /       \
                 /         \
                /           \
               /             \
              /_____\
       员工治理方式          员工思维模式
```

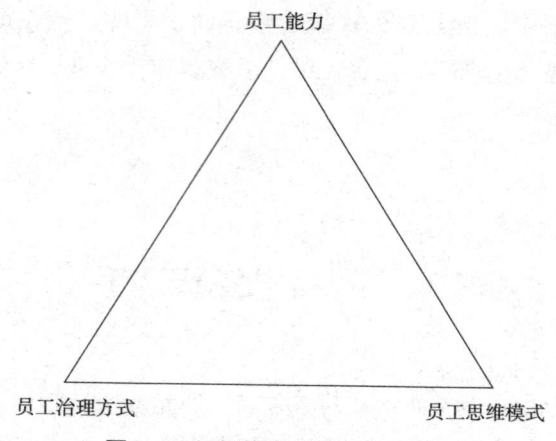

图1-1　组织能力"杨三角模型"

（2）员工思维模式，是指员工是否展现与组织能力匹配的价值观、行为和投入度。

（3）员工治理方式，是指企业是否提供有效的管理支持和资源，使员工充分施展所长，执行公司战略。

由此可见，企业要想成功，除了成功的战略外，更为关键的是还需要一大批满足"杨三角模型"的A级选手共同推动战略落地与实施。

请记住，对于企业而言："制定高标准，请到并不断培养A级选手。除非不想做好，否则永远不要让B级、C级选手充斥到团队""能否选对人决定企业的成败。如果请来C级选手，企业就会永失竞争力；如果请来B级选手，企业做得也许还行，但永远别想突破；只有请来A级选手，不论追求什么，企业都会获得成功"。可以看得出来，A级选手是决定企业事业成败的关键。

三、员工更应成为A级选手

前段时间，一篇题为《37岁，年薪50万，工作10年，被裁掉只用了10分钟》的文章在网上迅速蹿红，文章讲的是在2019年5月，全球最大的软件公司甲骨文裁掉了中国区900名研发人员，这次被裁掉的很多人是35岁左右的工程师，当年这些人进入甲骨文的条件是很高的，这些顶着名校毕业、高学历光环的精英们，从毕业的那一刻就拿着高薪，过着没有压力的生活，结果就是温水煮青蛙，最终被公司裁掉。这件事情给很多人提了一个醒：企业不是养老院，在这个世界上没有永远稳定的工作，只有不断提升自己的核心能力与职业品牌价值，才能得到更好的职业发展机会，以前那些大树底下好乘凉、进入大公司就高枕无忧的职业理念彻底被颠覆了。

如果很多员工在职场上选择跟着优秀的员工、优秀的团队"搭便车"的话，估计下场就如前文提到的《37岁，年薪50万，工作10年，被裁掉只用了10分钟》是一样的。

请记住，对于员工个人而言："制定高标准，严格要求自己，努力成为A级选手，否则你将丧失职业竞争力与发展机遇""如果你是一名合格的A级选手，你可以帮助团队获得成功；如果你只是一名B级选手，你在团队中也许还行；如果你是一名C级选手，那么请你记住：团队业绩一定会因你的存在而受到很大影响"，因此，努力把自己打造成为一名合格的A级选手，并成为团队不可或缺的人，这对员工的职业发展是至关重要的。

四、怎样成为A级选手

根据前文提到的A级选手的定义和标准，我们发现，超级工程需要A级选手，企业发展需要A级选手，时代进步也离不开A级选手。另外，对于任何一个人而言，个人也必须成长为A级选手，只有这样才能帮助团队成功、企业发展和社会进步，因此我们有必要对A级选手是怎么来的做一个详细说明。

1. 发现自己工作的原动力

记得在本人的拙作《睁开眼睛摸大象：岗位价值评估六步法》一书的后记中，我曾经讲过一个"三个登山者"的故事，故事的梗概是这样的：

有位商人，他有三个儿子。一天他把三个儿子叫到跟前，对他们说："我有一个愿望，希望你们可以登上远处那座山。如果你们之中有谁能征服它，我就将把自己的事业交给他。"

不日，三个儿子便打点行装上路了。

一周后，大儿子回来了。他看上去精神饱满，容光焕发。商人问他："你看到了什么？"大儿子告诉他："我看到了山花烂漫，溪水潺潺，还有鸟叫虫鸣，蝶舞飞旋……总之，那里简直美极啦！"商人听完，淡淡地对大儿子说："孩子，你的确走到了那座山，可是你只是到了山脚下，并没有登到山顶。"

两周后，二儿子回来了。他看上去虽然有些疲劳，可依然谈笑风生。商人问他："你看到了什么？"二儿子自信地告诉他："我登到了山顶，那里草木丛生，虫兽欢鸣……总之，那里还不错。"商人听完，点了点头对二儿子说："孩子，你的确登上了那座山，可是只是到了半山腰，还是没有到山顶。"

一个月过去了，三儿子终于回来了。他看上去精疲力竭，面色苍白，两腮明显地陷了下去，甚至衣服都已经破烂，看上去有点像乞丐，可是他的目光依然炯炯有神，商人心疼地看着三儿子，问道："孩子，你在这次旅行中看到了什么？"三儿子疲惫地对商人说："我虽然登到了山顶，但什么也没看到，那里到处都是冰凉的石头和瑟瑟的冷风，我只是感觉到自己是那么的渺小。"商人欣慰地笑了，欣慰地对他说："孩子，你是真的登到山顶了。其实山顶的风光并不比山脚和山腰美，但你的收获又何止是征服一座山和看到美景呢？相信有了你的勇气和执着，会发扬我的事业的，祝福你，孩子！"

果然，在 10 年后，这家企业成了一家知名的跨国公司。

在上面这个故事中，商人的三个儿子同时去爬山，但最终的结果是完全不同的，原因何在？通过简单分析，我们就不难发现，表面上是他们三个人对待工作的态度不同，但深层次的原因在于他们三个人工作的原动力是不同的。大儿子为了继承父亲的事业急于求成，二儿子半途而废，只有三儿子怀揣强烈的成功欲望，即便过程再艰辛、再孤独，他始终坚持前行，最终成就了一家知名的跨国公司。

对照前文提到的 A 级选手的标准，很显然三儿子肯定是一名合格的 A 级选手，而二儿子充其量也就是个 B 级选手，大儿子只能是 C 级选手。

根据多年的实践，我们认为发现并坚持自己工作的原动力在很大程度上决定一个人是否能够成为一名合格的 A 级选手。

美国著名心理学家、需求层次理论创始人马斯洛需求层次理论告诉我们，一个人的工作原动力从高到低分别为生理需求、安全需求、爱和归属感、尊重和自我实现。根据需求层次理论，我们把一个人的常见工作原动力归结为如图1-2所示的五个层次：

（1）多赚钱。金钱不是万能的，但没有金钱是万万不能的。赚钱是一个人赖以生存所必需的，也就是需求层次理论提到的一个人为了满足吃饭、穿衣、住宅、医疗等基本生存需求他必须努力工作去赚钱，所以赚钱被列为原动力的首位。在实际工作中赚钱的多少是由一个人为企业、为社会创造的价值大小所决定的。

（2）学习与成长。活到老，学到老；读万卷书不如行万里路，行万里路不如阅人无数……这些道理都告诉我们学习的重要性，如果一个人有强烈的学习意愿和成长动力，他便可以做到废寝忘食地投入工作。

（3）有朋友。人生有三五知己足矣。马斯洛需求层次理论告诉我们，一个人渴望得到家庭、团体、朋友、同事的关怀、爱护和理解，这是一个人对爱情、友情、信任、温暖的需要。有一个幸福美满的家庭，家人相互关爱；有一帮朋友在一起做自己喜欢并能够创造价值的事情是很多人梦寐以求的事情。

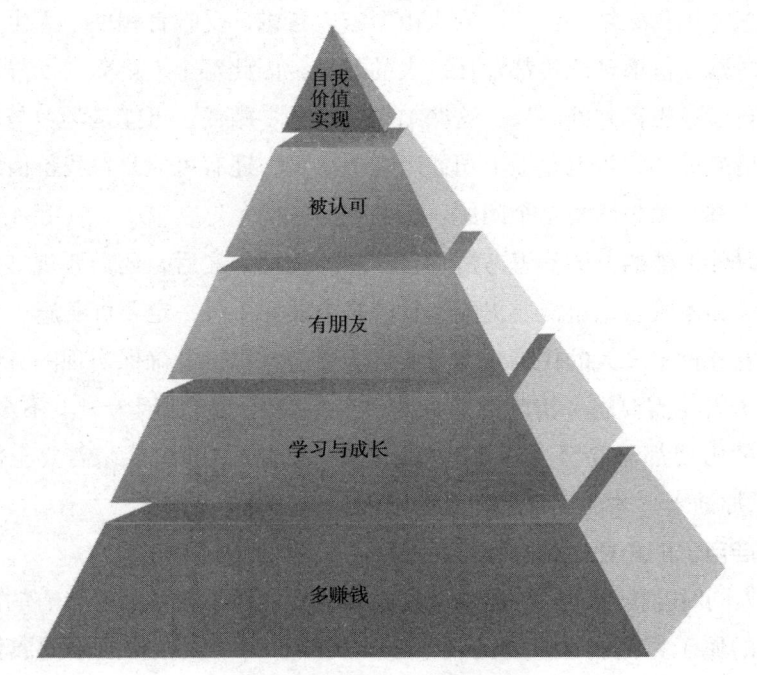

图1-2　工作原动力层次理论

（4）被认可。士为知己者死，女为悦己者容。每个人都渴望被伯乐发现，并为认可自己的上司、事业努力工作。

（5）自我价值实现。自我价值实现是工作原动力中层次最高的，也是能够支撑一个人为之终生奋斗的核心原动力。

我们不能指望每个人都有自我价值实现这样高级的人生追求和工作原动力，但每个人需要在不同的年龄段、不同的人生阶段对自己工作的原动力进行明确规划和定义，因为原动力越明确，工作的动能就会越大。

对照前言中提到的"大国工匠"们，我们发现他们中绝大多数人之所以能够成为"大国工匠"，除了满足基本的"赚钱"外，更深层次的原因在于"自我价值实现""被认可""有朋友"及"学习与成长"等工作原动力的支撑，就如一位曾经参加过港珠澳大桥建设的朋友所说：自己干了一辈子桥梁建设，能够有幸参加港珠澳大桥建设是自己这辈子最幸福的事情。可见这位朋友的幸福感就来自自我价值的实现。

为了让读者朋友简单直观地唤醒自己的工作原动力并为之终生奋斗，在这里教会大家一个非常实用的思考模式：

（1）想得到什么结果？不同的人由于家庭背景、受教育程度、人生目标与追求、人生阶段、价值理念等都存在巨大的差异，因此每个人都需要冷静思考现在以及未来自己最想得到的结果，这些结果可能是多赚钱，可能是学习与成长，可能是有亲情的关怀，可能是被上司或者老板认可，还有可能是自我价值实现，总之，每个人都必须想清楚这个问题。

（2）以什么样的方式？思考清楚自己想要的结果之后，还需要规划如何才能实现的方法和手段，这里需要提醒大家的是方法和手段一定要可实施。

（3）愿意付出多大的代价？为了实现想要的结果以及确保实现的方法和手段落地，每个人还需要思考清楚愿意为此付出多大的代价，因为天上不会掉馅饼，任何结果的出现都需要努力奋斗，就如国家提出的"中国梦"需要全体中国人"撸起袖子加油干"才能实现是一样的道理。

2. 找准自己的角色定位

一个人同时会扮演不同的角色，这些角色有的属于自然属性，有的属于社会属性，有的属于家庭属性，有的属于企业属性，一个人在扮演不同属性时的原动力是不同的，只有让每个人准确定位自己的角色，才能使其成为一名合格的A

级选手（图 1-3）。

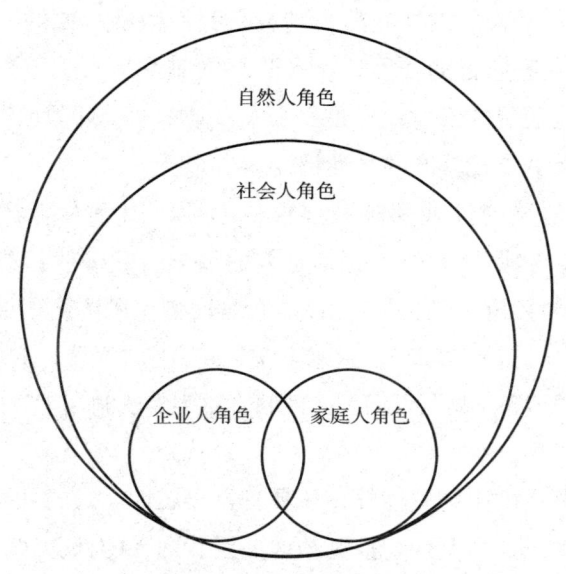

图 1-3　A 级选手角色定位

首先，他是一个自然人，他需要满足吃喝拉撒等基本需求。

其次，他也是一个社会人，因为人总是劳动、生活在一定的社会关系之中。马克思说过：人的本质不是单个人所固有的抽象物，在其现实性上，它是一切社会关系的总和。既然如此，人的一切行为不可避免地要与周围的其他人发生各种各样的关系，如生产关系、情爱关系、亲属关系、同事关系、上下级关系、朋友关系等。生活在现实社会中的人，必然是生活在一定社会关系中的人，这种复杂的社会关系就形成了人的社会属性，人的社会属性要求他必须遵守基本的社会伦理和法律法规，担当相应的社会责任。

每个人还具有家庭属性，每个人必须为了家族传承、种族延续定位自己的角色。

作为一种特殊的社会属性，员工还是一个企业人，他需要认同企业的价值理念，遵循企业的规章制度，履行企业赋予的使命和职责，完成企业下达的各项工作目标。

人的自然属性，也称为生物属性。具有生物属性的人，为了求得生存与种族繁衍，为了获得更高的生存质量，便有了与生俱来的适应这种生命需求与生理需求的人的生物本性。人的自然属性会表现出不同的形式：生与死、逸与劳、贵与贱、富与贫、美与丑、奖与惩、乐与苦。一事当前，每个人都会本能地追求前者，躲避后者，这是人的本性使然，这就是我们通常所说的人的本性是趋利避害、追求快乐而逃避痛苦的。另外，人的自然属性是与生俱来的人的秉赋，是千百年来融入人类灵魂的潜意识，是一个人最基本的生理需求和心理需求，是全人类中每一个体的人都具有的共性特征。

既然每个人的灵魂深处都有着同样的本性，因而人活着就要为本性的需求而奋斗。人的自然属性的孪生兄弟是人的欲望。欲望就是追求实现人的本性的愿望，每个人的欲望都是向着人的自然属性指引的方向，追求"生"，追求"逸"，追求"贵"，追求"富"，追求"美"，追求"奖"，追求"乐"，同时抵制"死"，抵制"劳"，抵制"贱"，抵制"贫"，抵制"丑"，抵制"惩"，抵制"苦"。

人除了具有基本的生物属性外，还具有社会属性。人的社会属性与人的自然属性两者之间的关系，是制约与被制约的关系，即人的社会属性制约人的自然属性的实现。每个人都要在群体中生存，所以个人对本性和对欲望的追求，其行为与行为的结果，从社会性的角度来说，会向着两个方向发展：第一，当人对欲望追求的途径与结果有利于社会公共利益，至少是不损害公共利益时，人的这种追求是促进人类社会发展与进步的原动力；第二，当人对欲望的追求途径与结果损害了社会公共利益，与社会的公共利益发生冲突时，人的这种追求就是妨碍社会发展与文明进步的阻力。

另外，对于一名企业的员工而言，他除了具有自然属性和社会属性外，还具有企业属性，因为他还是一个企业人。不同的企业对员工的要求是不同的，比如积极、诚信、奉献、担当、激情、狼性、双赢、责任心、主动性、纪律性、团队精神、个体服从集体等。

不同的属性对人的要求是不同的，为了满足自然属性的各种欲望，人必须通过其社会属性和企业属性的努力和改变来实现，比如，一个人要满足自己摆脱饥饿的自然属性，必须通过努力在社会和企业中获得更高的报酬和社会地位。

3. 快乐地做必须做的事

一名员工每天都会面临这样那样的工作，这些工作可能是帮助企业提升市场占有率，可能是帮助企业研发新产品，可能是控制成本和费用，也可能是制造产品，还可能是提供相关支持和服务……总之，只要我们翻翻企业内部岗位说明书便可发现每个岗位承担的责任和工作清单，我们把这些工作定义为每个岗位必须做的事情。

由于个人喜好不同，每个人都有自己喜欢做的事情，这样一来就会存在以下几种情况（图1-4）：

第一种情况

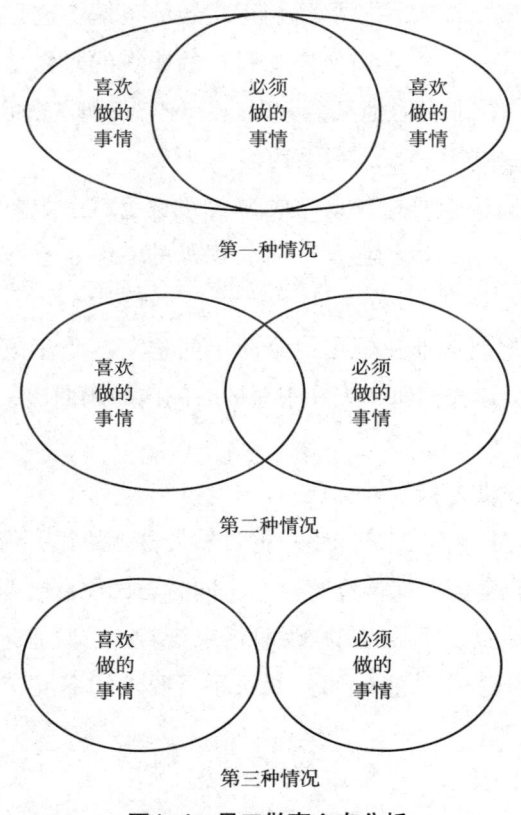

第二种情况

第三种情况

图1-4　员工做事心态分析

（1）必须做的事情全部是自己喜欢做的事情。这是最理想的一种状态，我们试想一下，一个人在这种情况之下做事的时候效率一定是最高的，质量也一定是最好的，同时在工作时的心情也是愉悦的。记得在本人的拙作《吹口哨的黄牛》一书中曾经写过：一头老黄牛（象征勤勤恳恳干活的员工）在拉犁耕地，做着自己必须做的事情，这头黄牛在耕地的时候还吹着口哨，为什么呢？因为在它看来拉犁耕地是它喜欢做的事情。大家试想一下，对于这头老黄牛而言，拉犁耕地虽然是件很辛苦的差事，但它并不觉其苦。

（2）必须做的事情有一部分是自己喜欢做的事情，有一部分是不喜欢做的事情。在这种情况之下做事，一旦涉及必须做的事情是自己喜欢做的，员工就会像第一种情况一样全心投入，力求完美，而一旦涉及必须做的事情是自己不喜欢做的，员工做事的时候就会很痛苦，就会抱着"做了就行""60分万岁""能混就混""能拖就拖"的心态。

（3）必须做的事情没有一件是员工喜欢做的事情。这是一种非常糟糕的状态，试想一下，员工一旦进入岗位要求履行的职责的时候是一种垂头丧气的状态，而一旦不涉及岗位职责时他又会呈现出一种忘我和亢奋的状态，这样的人注定就不可能成为A级选手。

综上所述，我们认为要想让自己成为A级选手就一定要学会拥抱岗位要求必须做的任何一件事情，以创业的心态、积极的心态、感恩的心态、游戏的心态、共赢的心态对待工作。

谈到这里，我想对职业化给出一个简单的定义：职业化就是快乐地做必须做的事情。职业化会让我们每个人在很短的时间内脱颖而出，成为一名合格的A级选手。

4. 学会像经营企业那样经营自己

雁过留声，人过留名。A级选手一定要珍惜自己的每一份工作和每一次职业发展机遇，学会像经营企业那样经营自己，同时养成往自己职业品牌银行储蓄的习惯，并通过快乐地做必须做的每一件事情来培养自己职业化素养，增强自己职业化能力，力争每项工作都能达到A级选手所要求的标准，进而塑造自己的职业影响力及品牌价值。

大家熟悉的艾尔弗雷德·斯隆——通用汽车公司第八任总裁，执掌通用汽车23年之久，是事业部组织模式的创始人，其个人专著《我在通用汽车的岁月》堪称管理学界的里程碑，管理学界将其与通用电气杰克·韦尔奇并称为20世纪最伟大的CEO。

杰克·韦尔奇1960年加入通用电气，到1981年4月杰克·韦尔奇成为通用电气历史上最年轻的董事长和CEO。从入主通用电气起，在20年间，他将一个弥漫着浓厚的官僚主义气息的公司，打造成了一个充满朝气、富有生机的企业巨头。在他的领导下，通用电气的市值由他上任时的130亿美元上升到了4800亿美元，也从全美上市公司盈利能力排名第十位发展成位列全球第一的世界级大公司。在 2001 年 9 月退休时，他被誉为"最受尊敬的 CEO""全球第一 CEO""美国当代最成功、最伟大的企业家"，他的专著《赢》影响着全球数以亿计的企业家、管理者。

另外，乔布斯作为世界顶级的商业领袖，自 1996 年回归苹果到 2011 年 8 月宣布辞职，短短 15 年的时间，让深陷经营泥潭的苹果公司浴火重生、异军突起，在 2012 年创下 6235 亿美元的市值纪录。苹果公司的产品不论是硬件产品（智能手机、笔记本电脑、台式电脑、平板、个人音乐播放器、服务器等），还是软件产品（MacOS 操作系统、IOS 操作系统、专业软件等）都取得了优异的市场业绩。苹果公司的成功让人通常把乔布斯与之联系在一起，可以这么说乔布斯成就了苹果公司，同时苹果公司也成就了商业奇才——乔布斯。

在中国，早年有"第一打工皇后"吴士宏，后来有被中国媒体广泛誉为"第一职业经理人"和"中国第一 CEO"的唐骏，有 2017 年被福布斯评为"2017 年中国最杰出商界女星排行榜"首位的董明珠，还有自 2012 年出任美的董事长以来帮助美的实现经营业绩从 1000 亿元到 2600 亿元（2018 年）跨越的"商界领袖"方洪波……

他们在各自的领域取得了卓越的成就，是我们学习的榜样。他们的成功有一个共同的特征，那就是他们都是一名合格的职业选手，同时坚持走职业化道路，坚持把自己当作企业那样去经营，最终成就了最优秀的自己。

5. 打造自己的职业金字塔

如图 1-5 所示，我们把 A 级选手的职业金字塔分为四个层面：

（1）职业品牌价值。在任何场合，一提到艾尔弗雷德·斯隆、乔布斯、杰克·韦尔奇、董明珠、唐骏、方洪波等，大家的第一感觉就是他们的个人职业品牌价值都很高，甚至超越了很多企业的品牌价值，为什么呢？其实原因很简单，就是他们更懂得如何像经营企业那样去经营自己，不同的是经营企业通过产品和服务的投入与产出追求效益最大化，而经营个人则需要通过帮助组织和团队成功让个人知名度更高、品牌价值更值钱。

（2）职业化结果。对照前文提到的 A 级选手的标准，职业化结果就是"将必须做的每一件事情都达到 120 分的标准"，同时还要做到"常年累月地坚持这种做法"。

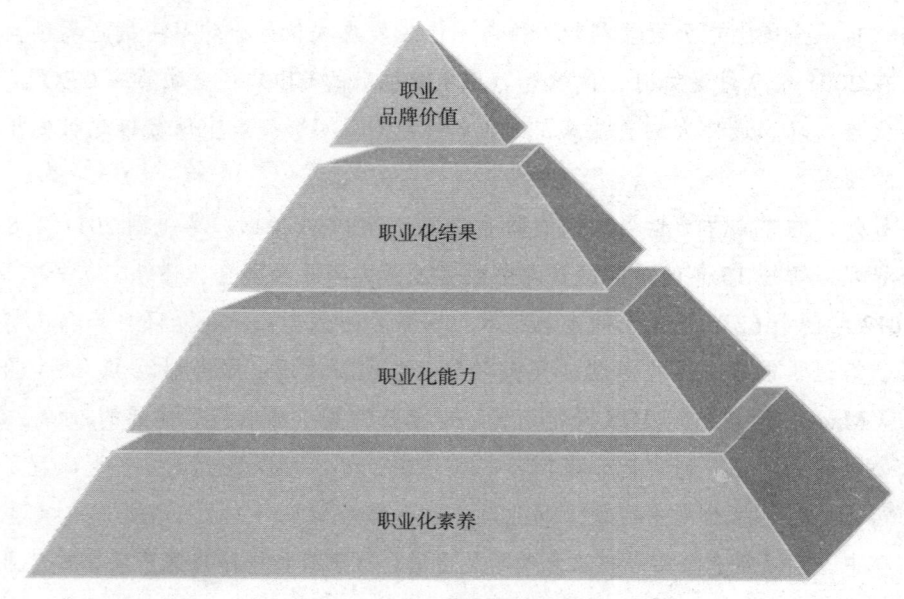

图1-5 职业金字塔（示意）

（3）职业化能力。想要达成职业化结果，就要求 A 级选手必须具备相应的能力，我们将职业化能力归结为（图1-6）：

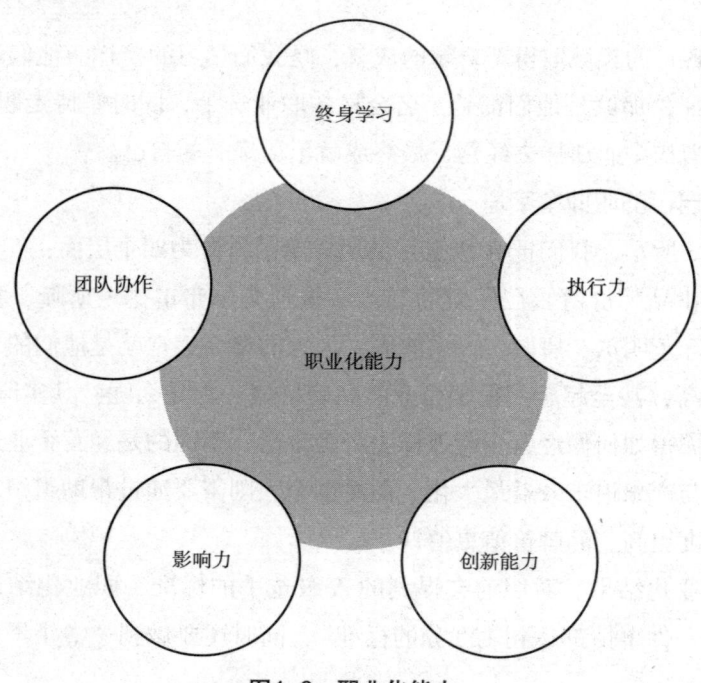

图1-6 职业化能力

①终身学习。中国有句古话：活到老，学到老。一个人的知识结构一定要随着时代的发展而更新，向书本学习、向工作学习、向古人学习、向身边的人学习、向身边的事学习、向成功学习、向失败学习……已经成为一个A级选手必备的技能之一。

孔子以项橐为师，因为孔子不耻下问，拜童子项橐为师，故而成其为孔子也！孔子"入太庙，每事问"，看到种田的庄稼汉就说"吾不如老农"，看到种花的园丁，慨叹"吾不如老圃"。一次，孔子去鲁国国君的祖庙参加祭祖典礼，他不时向人询问，差不多每件事情都问到了，有人背后嘲笑他，说他不懂礼仪，什么都要问。孔子听到这些议论之后说："对于不懂的事，问个明白，这正是我要求知礼的表现啊。"

可见，能从每一个人、每一件事上发现参学之处，才能深广博大，不仅洞达世情，而且博通古今，学习无处不在。

早在1994年，"首届世界终身学习会议"在罗马隆重举行，从此终身学习在世界范围内形成共识。原联合国教科文组织成人教育局局长保罗·朗格朗提出：终身教育所意味的，并不是指一个具体的实体，而是泛指某种思想或原则，或者说是指某种一系列的关心与研究方法。概括而言，也即指人的一生的教育与个人及社会生活全体的教育的总和。

可以这么说，终身学习能让一个人克服工作中的困难，不断寻求解决新的问题；终身学习能满足一个人生存和发展的需要；终身学习能使一个人得到更广阔的发展空间，更好地实现自己的人生价值；终身学习也能充实一个人的精神生活，不断提高生活品质；终身学习还能让一个人更容易脱颖而出，成为一名合格的A级选手。

②执行力。前些年有一本名叫《执行：如何完成任务的学问》（拉姆·查兰）的书持续大卖。书中提出："执行是目标与结果之间的桥梁。""如果无法将想法变为现实，再宏伟的目标都无济于事。如果不能得到切实的执行，突破性的思维将只是胡思乱想，再多的学习也无法带来实际的价值。"另外，该书还提出："执行首先是一门学问，它是战略实施中不可或缺的关键环节；其次，执行是企业领导者的主要工作；最后，执行必须成为企业文化中的核心元素。"

在汉语词典中，对执行的解释是：贯彻施行、实际履行、承办、经办、坚守节操。

无论是拉姆·查兰，还是汉语词典，对执行的解释都是要求把某件事情"做了"，但我们会发现，不同的人在执行同一件事情时会得出不同的结果，有些人会做到120分，有些人会做到80分，有些人只能做到60分甚至更低。

在这里我们想强调的是不仅仅只是把事情"做了"，更重要的是要把事情"做好了"，"做好了"就是本书所说的执行力，对于A级选手而言，执行是基础要求，执行力才是最终的追求，也就是本书前面提到的"把必须做的每一件事情做到120分"，并且"常年累月地坚持这种做法"。

③创新能力。乔布斯认为创新是无极限的，有限的是想象力。他认为，如果是一个成长性行业，创新就是要让产品使人更有效率，更容易使用；如果是一个萎缩的行业，创新就是要快速地从原有模式中退出来，在产品及服务变得过时之前迅速改变自己。

对于创新能力的理解过去很多人将其定义为模仿，并在模仿的基础上加以改良。事实上过去30年很多中国企业的成功也正是基于此，但随着互联网时代信息传播、技术进步与迭代速度越来越快，模仿别人已经不足以支撑企业长久、持续发展，这时候需要企业能够做到真正的"颠覆式创新"，学会不断否定过去自己的成功，如颠覆式渠道模式创新、颠覆式产品迭代创新、颠覆式产品成本创新、颠覆式商业模式创新、颠覆式管理模式创新、颠覆式思维模式创新等。用一句网络语概括，过去是"走老路也要穿新鞋"，现在是"穿别人的鞋，走自己的路，让别人去找吧"或者"穿自己的鞋，走别人的路，让别人去跟吧"。可见，创新能力也是A级选手必须具备的核心能力之一。

④影响力。一名A级选手，不仅仅只是做到自己优秀，还要通过自己的言传身教影响身边更多的人为组织目标实现贡献智慧，同时一个人影响力的大小在很大程度上决定了他的社会地位和职业成就，比如，他能影响10名身边的人，他可能就是一名合格的主管；如果他能影响20名身边的人，他可能就是一名合格的经理；如果他能影响100名身边的人，他可能就是一名合格的总监，以此类推，他能影响的人越多，他的地位就越高。因此，学会在工作中利用职业化结果影响身边的人也是每一位A级选手必须具备的能力之一。

⑤团队协作。企业内部有着严密的分工，既有横向分工，又有纵向分工，

管理越规范的企业，内部分工越细，因为通过分工企业可以确保"横向到边，纵向到底"，即企业内部的任何一项业务都有相关的部门承接，部门内部的任何一项职能都有相应的岗位承担，这就是我们通常所说的分工无死角、管理无真空。

在企业内部除了追求严密的分工外，还需要理清部门之间、岗位之间的协作规则，即跨部门流程、跨岗位流程，因为分工是静态的，只有协作才是动态的，企业内部一旦有订单需要交付，马上就需要各部门相互协作。而且企业目标实现及内部价值创造都是通过动态的协作实现的，因此就要求所有部门、岗位及员工必须懂得协作的重要性。也正因如此，我们提出一名A级选手必须是一名深度理解团队协作原则，善于团队协作，视团队利益大于个人利益的人。

关于团队协作，请记住：无论个人能力多强，只要伤害到团队，团队绝不会让你久留；不要总是以为缺了你一个团队就无法运转，要知道缺了谁地球都会照转；不要居功自傲，实现团队目标、服从团队利益是任何一名团队成员的天职；不做团队的"短板"，想尽一切办法为自己"增高"；站在团队整体利益的角度审视自己的工作。

（4）职业化素养。职业素养是态度、自我意识、个性特征的集合，职业素养反映出一个人在无人监督状态下的一种习惯。维基百科认为，职业素养是一种习惯、准备，一种准备就绪的状态，或一个特定行为方式的倾向。伊利诺伊大学名誉教授罗伯特·恩尼斯把职业素养定义为具体条件下做某事的倾向。在本书中我们提到的职业化素养是特别针对A级选手所必须具备的素养项目。

不管怎样，在职业品牌金字塔中，职业化素养处于塔基位置，是一名A级选手打造自己职业金字塔的基础，根据我们的实践，我们把A级选手需要具备的职业化素养归结为如下六个维度（图1-7）。

①使命感。使命感是一名A级选手所需要具备所有职业素养的基础，就如当年周恩来总理提出的"为中华崛起而读书"一样，使命感会让人迸发出不可阻挡的动能，即便条件再恶劣，也会为之终生奋斗。使命感是A级选手对组织赋予其使命的高度认同，而且认同度越高，使命感就越强。同时，一个人的使命感越强，他就越懂得珍惜生命、珍惜工作、珍惜每一次机遇、珍惜身边的每一位伙伴。

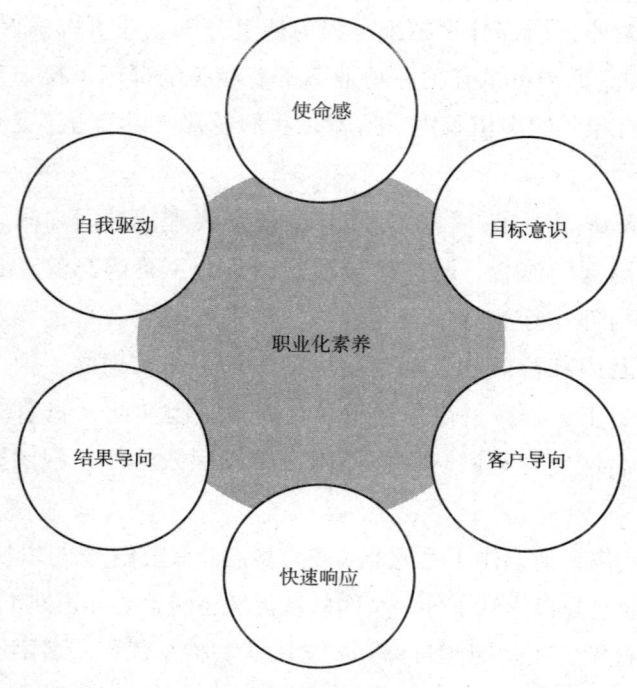

图1-7　职业化素养

马克思曾经说过：作为一个确定的人，现实中的人，你就有规定，就有使命，就有任务，至于你是否意识到这点，那是无所谓的。这个任务是由于你的需要及其与现存世界的真实联系而产生的。根据马克思的观点，使命是与生俱来的，而且是客观存在的，不以人的意志为转移，无论你是否愿意接受，无论你是否意识到，是否感觉到它的真实存在，这种使命伴随人出生而降临到每个人身上，对于人的自然属性而言，使命可能是种族延续；对于人的社会属性而言，使命可能是做一个有益于社会的人，成为社会需要的栋梁之材；对于人的家庭属性而言，使命可能是发扬家族传统；对于人的企业属性而言，使命可能是帮助企业赚到更多的利润。总之，人的不同属性背后都会有相应的使命。

但请大家注意，本书强调的不是使命本身，而是使命感，虽然每个人生下来的那一刻就肩负着一定的人生使命，但每个人对使命的认同度是不同的，有些人对自己肩负的使命高度认同，这些人充满激情，对工作孜孜以求，力求尽善尽美，最终成就了完美的人生；而有些人对肩负的使命认同度不高或者根本就没有意识到，正因如此，这些人往往缺乏使命感或者根本就没有使命感，进而也就缺乏做人的激情与动力，缺乏对家庭的呵护与关爱，缺乏对工作的责任心与成功欲望，一辈子碌碌无为，难有成就。

②目标意识。现代管理学之父彼得·德鲁克认为：并不是有了工作才有目标，而是恰恰相反，有了目标才能确定每个人的工作。所以他提出"企业的使命必须转化为目标"，如果一个领域没有目标，这个领域的工作必然被忽视，因此管理者必须通过目标对下级进行管理，当最高层明确了企业目标后，必须对其进行有效分解，并转化成每个部门、每位员工的目标，根据目标达成状况对部门、员工进行评价、考核与激励，由此可以看出目标对企业的重要性。

关于目标意识请大家记住：目标刻在岩石上，方法写在沙滩上；再大、再难的目标只要每天进步一点点就会离目标更近一些；目标是用来实现的，而不是拿来空想的；不能实现的目标那只是幻想而已。

在企业目标实现的过程中，并不是所有员工都能认知到目标的重要性，但需要明确的是作为一名A级选手，必须具备不达目标誓不罢休的目标意识，以及不到最后一刻绝不轻言放弃的决心。

③客户导向。企业存在的唯一理由是"客户还需要你"，优秀的企业一定是时刻洞察客户需求，并在产品和服务中最大化满足客户价值主张，让客户永远离不开。同样的道理，员工存在的唯一理由是"团队还需要你"，A级选手一定是以客户满意为导向，处处站在客户的立场上审视自己的工作，让自己变得更优秀。

在这里，需要明确的是大家对客户的理解不要局限于企业的外部客户或者消费者，这里讲的客户还包括企业的内部客户，也就是与自己工作相关的其他部门或者员工。

④快速响应。快速响应是要求一名A级选手做到"马上做"，而不是拖拖拉拉、等等看、再看看吧、回头再说。高效和快速响应已经成为现代企业经营的共识，试想一下，如果没有高效和快速响应，企业何谈"持续领先"？如果失去高效和快速响应，企业又何谈"做强、做大"？所以说，高效和快速响应已经是现代企业竞争的主旋律，也是企业在复杂的竞争环境中取胜的唯一法宝！

高效与快速原则要求企业：提高服务水平，即在正确的时间、正确的地点用正确的产品来响应消费者需求；通过快速响应和周转，提升企业获利能力；以效率为基础，以结果为导向，打造高效、稳健的企业组织及流程体系。

企业要求做到快速响应，对一名A级选手而言更是如此，A级选手一定是要比其他人更加迅速地帮助顺利实现组织目标，发挥自己的价值。

⑤结果导向。结果导向是衡量是否是一名 A 级选手的最直接标准。对于企业而言，没有结果一切都是零，因为市场不相信眼泪；对于员工也是一样的，结果是最好的证明，因为结果从来不会撒谎。

请记住：企业要的永远是结果，A 级选手要学会"不论黑猫、白猫，抓住老鼠就是好猫"；无论苦干、巧干，干出成绩的员工才会受到上司的赏识、同事的认可；企业重视的不是你吃了多少"苦"，而是你有多少"功"；办法永远要比问题多；不为失败找理由，多为成功找方法；没有条件，即便创造条件也要以结果论英雄；把任务完成得超出预期；永远记着"现在的我不是最完美的自己""我还能做得更好"。

⑥自我驱动。记得有位企业家曾经告诉我：想到和做到之间的距离就像月球到地球那样遥远，坚持的人总会离梦想更近，但又有多少人能够真正做到持之以恒呢？我想只有具备超强自我驱动的 A 级选手才可以。

自我驱动要求 A 级选手不需要等别人交代就能自动自发地做好职责范围内的所有事情；有良好自我驱动素养的人一定可以做到从"要我做"到"我要做"、"我已经做了"到"我已经做好了"、"我已经做好了"到"我还可以做得更好"；减少负面情绪的影响，总有强大的支撑动力；主动分担"分外"的事情，让团队成员认为你是一个可靠的人；自始至终都要用高标准要求自己；即便是再大的困难也要持之以恒；山不过来，我就过去。

五、A 级选手成长路径

方法得当，事半功倍，A 级选手的成长也不例外，根据多年的实践，我们将 A 级选手成长路径规划为以下八个步骤（图 1-8）：

（1）充分理解经营的本质。企业经营的目的是实现经济效益最大化，因此，A 级选手必须首先要从企业经营开始，充分理解企业经营的本质，并时刻检讨自己工作对企业经营的贡献，发现自己的价值。

（2）永远与企业发展方向保持一致。发展战略与年度经营计划都是帮助企业明确未来一段时间经营方向，因为一旦方向错了，企业的一切努力都将付之东流，作为 A 级选手就必须时刻了解企业发展战略与经营计划，与企业总体经营方向保持高度一致。

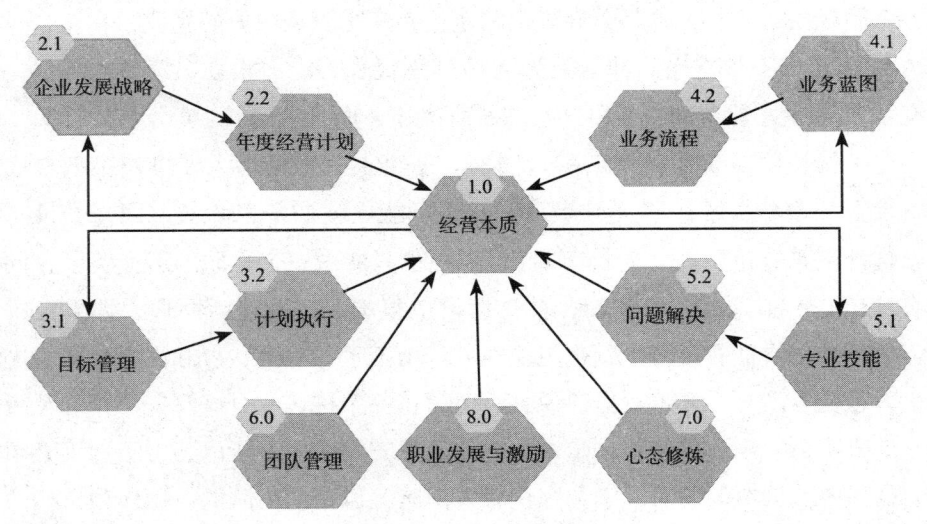

图1-8　A级选手成长路径

（3）做好目标管理与计划执行。彼得·德鲁克认为，企业在制订战略的时候，要分为长期发展战略和短期发展战略，这有利于企业健康、有序地发展。战略确定了方向之后，还需要明确企业的发展目标，一个好的目标会有助于企业凝聚人心。另外，作为一名合格的 A 级选手，必须清楚企业的目标是什么，团队的目标是什么，自己的目标是什么，目标从哪里来的，并通过将目标转化为切实可行的实施计划，确保企业战略落地，目标圆满达成。

（4）学会用流程持续改善自己的工作。我们经常说：流程管事、制度管人。当企业的发展方向及目标清晰后就涉及如何才能确保将目标落实到日常工作中去，这就需要企业建立完善的流程体系，将大部分例行性、事务性工作全部用流程固化下来，让每个部门、每位员工都清楚各自的职责及如何与相关方高度协同。在这个过程中，A 级选手不仅仅是流程的拥护者和执行者，更重要的是 A 级选手还必须将自己的经验总结出来并融入到企业的流程当中去，共同推动流程建设和优化工作，让全体员工用最优的流程推动企业目标顺利实现。

（5）不断提升自身专业技能，帮助企业解决问题。对于管理规范的企业，可以通过流程帮助企业解决 80% 以上例行性的问题，但企业在经营的过程中不可避免地会遇到之前没有发生的、流程没有覆盖到的突发以及紧急的事情，这时候就需要把这些事情当成一个特殊问题来解决；对于管理粗放的企业而言，还没有成熟的流程去遵守，这时候企业内部遇到的大部分需要解决的事情都需要把它当成一个问题去解决。无论是管理规范的企业，还是管理粗放的企业，在这个过程中A级选手都必须首当其冲，因为A级选手代表着能力很强、意愿也很强，也只有A级选手才能帮助企业将这些问题解决掉，而且达到"120分的标准"。

（6）认识团队价值，学会融入团队。一个人的力量再大，也很难独自成就一番伟业，没有关羽、张飞、诸葛亮就不可能成就刘备，话又说回来，没有刘备，估计诸葛亮也只能"躬耕南阳"，张飞也只能做一个称职的屠夫罢了；同样没有孙悟空、猪八戒、沙和尚，估计唐僧也很难取到真经，同理，如果没有唐僧，估计孙悟空徒有一身本领也只能在五行山下了却一生，沙和尚也只能在流沙河每天忍受万箭穿心之苦。俗话说：一个篱笆三个桩，一个好汉三个帮。A级选手一定要明白，企业的成功一定来自全体员工齐心协力，所以，A级选手必须在充分认知团队价值的同时，学会完全融入团队，以帮助团队的成功作为自己的人生目标。

（7）用感恩的心态、创业的心态、积极的心态、游戏的心态、共赢的心态将每项工作都做到极致。前中国男足国家队主教练米卢曾经说过：态度决定一切。没错，如果想要成为A级选手，就必须时刻保持感恩的心态（感恩企业提供了职业发展的平台）、创业的心态（像经营企业那样经营自己的人生）、积极的心态（从我做起，帮助企业成功，帮助团队成功）、游戏的心态（时刻牢记自己可以做得更好）和共赢的心态（A级选手在帮助企业成功的同时，企业也在成就A级选手）。

（8）清晰规划自己的职业发展路线，帮助企业成功的同时成就自己。A级选手一定不同于B级、C级选手，企业会为A级选手提供更广阔的职业发展空间，提供更有诱惑力和市场竞争力的物质激励、精神激励，但前提是A级选手必须明确自己的职业发展路线及职业目标，而且发展路线和职业目标越清晰就越容易成为A级选手，也就跟容易得到企业的赏识。

第二章 深谙经营之道

经营与管理犹如一个人的两条腿,经营的目的是追求经营效益,而管理的目的是在确保效益的前提下追求运营效率,A级选手要充分理解企业经营的本质,永远站在企业经营的立场上审视自己的工作与价值,帮助企业改善经营结果,提升经营业绩。

一、企业经营的本质

企业经营的本质是什么？

无可厚非，一个很重要的原因就是为了赚钱，因为企业就是以盈利为目的的组织，当然企业也不能把赚钱当成是自己唯一的追求。

任正非曾经说过：华为的目的不是敲诈客户，而是赚取合理利益，同时也帮助客户成长。可见在任正非看来，经营企业除了赚钱外，最关键的是要与客户共赢。

步步高作为国内优秀的电子产品研发、营销企业，它提出步步高的使命为：对消费者，提供高品质的产品和服务；对员工，营造和谐、相互尊重的工作氛围；对商业伙伴，提供公平合理、对等互利的合作平台；对股东，使其投资的股本有高于社会平均收益的回报。正因为步步高是这样想的，也是这样做的，才成就了今天OPPO、VIVO双品牌成功。

小米作为中国电子行业的新生力量，仅用了9年的时间就跻身世界500强，创造了中国企业的神话。自成立之初，小米始终坚持做"感动人心、价格厚道"的好产品，让全球每个人都能享受科技带来的美好生活。正是对消费者的这种承诺，成就了小米的商业传奇。

国内著名管理学者陈春花教授认为，构成经营的基本元素为顾客价值、有竞争力的合理成本、有效的规模、深具人性关怀的盈利。其中，顾客价值是企业存在的前提，如何理解客户价值就决定了企业的战略方向及核心业务布局；有效的规模并不代表着企业的规模越大越好，要尽量避免被"规模可以带来领导者地位和市场权力""规模自然会带来更高的回报""规模经济起作用"等规模魅力所误导。同时，陈春花教授认为有竞争力的合理成本并不代表廉价劳动力，而是产品与服务持续符合客户期望的前提之下，杜绝一切浪费，同时简化、简化、再简化管理体系。陈春花教授还提出了关于企业盈利的观点，那就是深具人性关怀的盈利，企业必须从利润、顾客、成长、人员、管理、企业公民等维度充分体现自己的核心价值理念。

可以看出，无论是任正非、步步高、小米，还是陈春花，在他们的经营理念中都提到经营的本质一方面是要赚取合理的利润，同时也要保证利益相关者都能在企业平台上实现共赢。

我们知道，每家企业都是产、供、销、人、财、物等资源不断重新组合和优化配置的产物，不管这家企业是做地产开发、生产手机、产业园运营，还是做酒店经营，抑或是做电商，每家企业都必须思考自己的客户定位，挖掘客户需求，在此基础上开发出满足客户需求、让客户尖叫的产品和服务，选择最佳的分销渠道及分销模式，在控制合理配置资源及交付成本的情况之下，追求有效的经营规模，并设计出让企业利益相关者都能获利和共赢的商业模式，只有这样才能确保企业经营稳健、可持续（图2-1）。

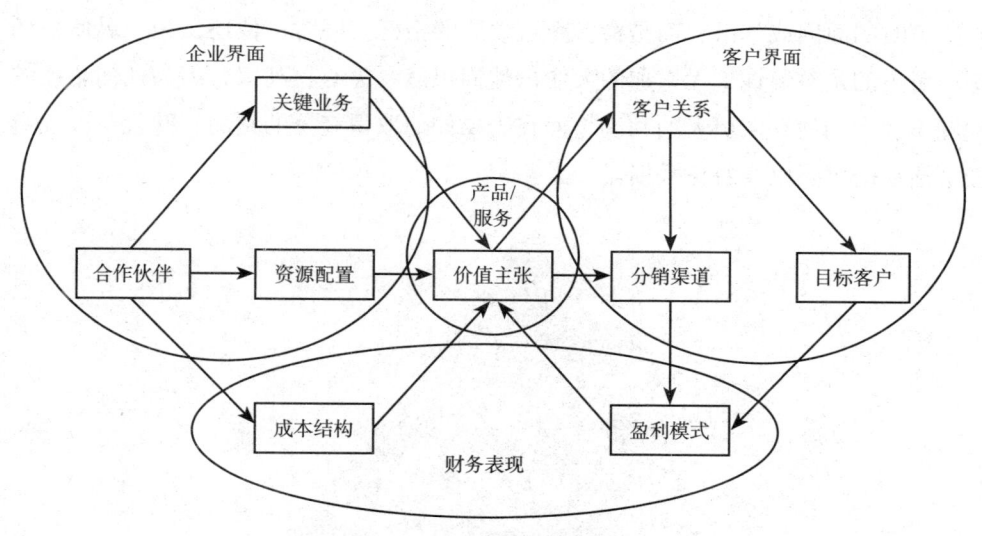

图2-1 企业盈利模型（示意）

美国现代管理学之父彼得·德鲁克指出：考察一个组织是否优秀，要看其能否使平常人取得比他们看来所能取得的更好绩效。企业经营也是如此，衡量一家企业是否优秀的关键在于是否能够取得超越同行大多数企业的经营结果，正如德鲁克所言，企业卓越经营业绩的取得，需要让普通人做出超出期望的工作业绩，这样就能不断培养和造就一批又一批的A级选手，成就一个又一个世界级的伟大企业。

二、第三代企业经营

那么除了赚钱，企业还有其他的追求吗？企业是如何实现赚钱的？在我们看来，过去朴素地认为企业经营就是为了赚钱的经营思路需要与时俱进，因此本书提出了第三代企业经营理念（图2-2）。

德鲁克指出：利润和获利率并不是不重要，实际上应该是获利率不是企业及商业活动的目的，只能算是一个限制性因素。利润也不是所有企业从事经营活动与决策时的原因或理由，而是检验企业效能的指标。同时，他还认为：纵使担任企业董事的是对赚钱毫无兴趣的天使，他们仍然要关心获利率，因为任何企业的问题不在于如何获取更大的利润，而在于要如何取得充分的利润，并且可以规避经济活动的风险以及避免亏损。

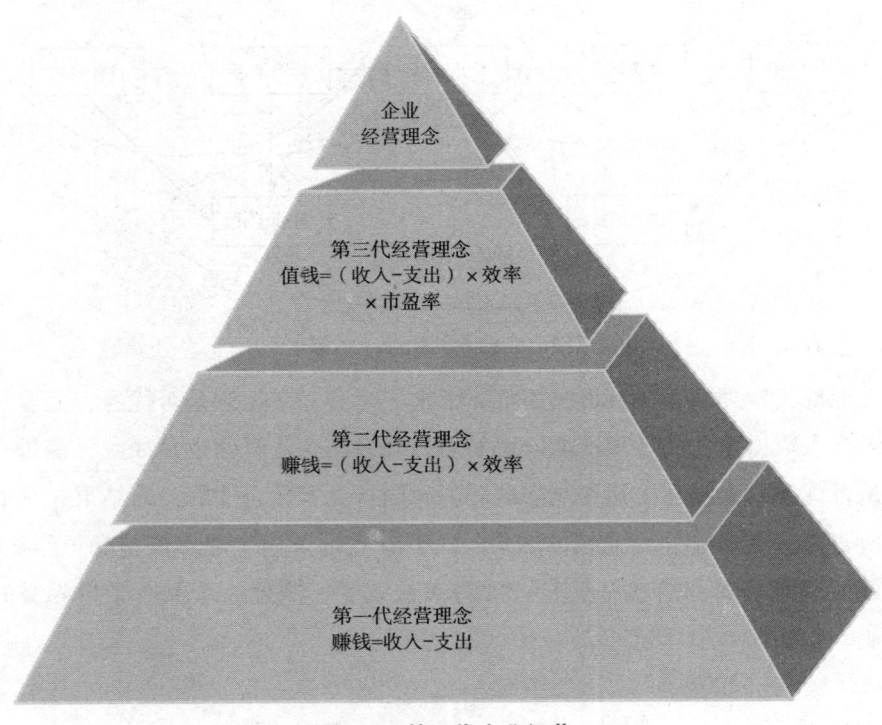

企业
经营理念

第三代经营理念
值钱=（收入-支出）×效率
×市盈率

第二代经营理念
赚钱=（收入-支出）×效率

第一代经营理念
赚钱=收入-支出

图2-2　第三代企业经营

因此，我们认为企业经营的目的除了赚钱外，还需要思考经营的稳健性、运营效率以及抵抗风险的能力、企业市值等。关于这一点，企业所有者必须清楚，企业经营者必须清楚，企业的每一位 A 级选手也都必须清楚。

1. 赚钱＝收入－支出

传统的企业经营理念认为，企业经营的本质就是赚钱，而赚钱的多少取决于收入减去支出的差额，也就是我们通常所说的开源与节流。在迈克尔·波特的价值链模型中，迈克尔·波特把企业内部物流、生产、外部物流、市场销售、服务等与客户直接相关的活动归结为基本活动，也就是我们通常所说的开源活动，同时他把采购、技术开发、人力资源管理、公司基础设施等与客户不直接相关的活动归结为支持活动，也就是我们通常所说的节流活动，在迈克尔·波特看来，企业可以通过基本活动最大化满足客户需求让客户为公司提供的产品或服务买单，进而提升销售收入，但同时企业又可以通过支持活动最大化降低运营成本、节省费用，这样一来便可以实现利润最大化。

正是基于这种认知，我们认为传统企业实现赚钱的途径有以下五种：

（1）收入增加，支出不变。

（2）收入增加，支出减少。

（3）收入大幅增加，支出小幅增加。

（4）收入不变，支出减少。

（5）收入小幅减少，支出大幅减少。

在这种经营理念的指引下，为了追求利润最大化，各个企业八仙过海，各显神通。为了追求收入增长，企业不惜一切代价去打广告、搞促销、搞特价、限时抢、在"双十一"厮杀、开发新产品、开拓新市场、进入新业务领域、投资新项目等，同时，为了减少支出，企业又想办法强制供应商降低原料成本、压缩研发投入、降低费用预算、控制人工成本、降低制造成本等。总而言之，在传统的企业经营理念中，企业想要赚钱，别无他法。但现实的状况是，随着经济增长趋缓、国家对环保的要求越来越高、企业间竞争不断加剧、原材料价格持续走高、人工成本逐年上升、产品迭代周期越来越短、金融危机、贸易壁垒、利率波动、GDP 增速放缓等大环境的影响，最终导致的结果是企业收入无法增加，但同时支出还在持续上涨，企业经营进入一种恶性循环，第一代企业经营理念受到了极大的挑战。

根据第一代企业经营理念，衡量企业经营的主要绩效指标包括：销售总收入、新产品销售收入、新市场销售收入、老产品销售增长、老市场销售增长、营业外收入、原料成本下降率、制造成本控制、研发成本控制、管理费用控制、销售费用控制、财务费用控制等，很显然这些绩效指标要么衡量开源，要么衡量节流。

2. 赚钱 =（收入 - 支出）× 效率

与第一代企业经营理念相比，第二代经营理念中增加了"效率"变量，即企业可以通过提升运营效率来改善经营结果，这是一种全新的经营思路。

我们试想一下，假设两家公司同样实现1个亿的收入，A企业投入了7000万元，而B企业投入了6000万元，很明显B企业的效率要比A企业高；同理，A企业实现1个亿的收入花了12个月的时间，而B企业实现同样的收入只花了10个月的时间，同样B企业的效率要比A企业高；另外，假设A企业实现1个亿收入的背后是总资产周转率为2次，这就意味着A企业的总资产投入为5000万元，而B企业实现1个亿收入的背后是总资产周转率为4次，这就意味着B企业仅需投入2500万元的总资产就可以了，很明显，B企业的效率也要远远高于A企业。

大家发现了没有，只要在经营的过程中加入"效率"这个变量，企业的经营就变得非常有意思，同样的收入，谁的投入更少谁的效率就高，谁用的时间更少谁的效率就高，谁的总资产周转率更高谁的效率就高，谁的订单交付周期短谁的效率就高，谁的人均利润高说的效率就高，谁的单位人工成本收入产出高谁的效率就高……总而言之，企业必须通过持续提升运营效率让自己赚到更多的钱。

在第二代企业经营理念的指引下，衡量企业经营的绩效指标除了收入、支出相关指标之外，还有客户订单准时交付率、订单交付周期、总资产周转率、流动资金周转率、应收账款周转率、流动比率、速动比率、总资产收益率、人均产值、人均利润、单位人工成本收入贡献、单位人工成本利润贡献等。

3. 值钱 =（收入 - 支出）× 效率 × 市盈率

有人说过，现在的企业只有两种，即上市企业、非上市企业，而非上市企业又可以分为两类，一是通过自己的努力实现上市，二是把自己的经营做好，未来被上市企业兼并或收购。不管是哪种企业，我们认为都需要思考如何提升自身的市盈率，让自己变得更加值钱。因此，正确的企业经营理念应该是不但要提升企业的赚钱能力，而且要思考如何提升企业的市盈率。

我们来看一下，假设 A、B 两家同等资产规模企业的年度盈利都是 2000 万元，A 企业的市盈率为 10 倍，A 企业就值 2 亿元，而 B 企业的市盈率仅为 6 倍，B 企业才值 1.2 亿元。很明显，在盈利相同的情况之下，市盈率对企业的影响是很大的。这就要求企业经营过程中既要思考通过开源、节流以及运营效率来提升自己的盈利能力，同时也要通过顶层设计、发展模式设计、商业模式创新、竞争体系创新、金融体系设计、风险控制体系等手段提升企业市盈率。

同样，按照第三代企业经营理念的指引下，衡量企业经营的指标又发生了变化，主营业务利润率、净资产收益率、总资产报酬率、经营风险控制、管理成熟度、员工满意度、客户满意度、经营业绩持续提升等指标就显得非常重要了。

可见，不同的企业经营理念指引下，衡量企业经营的绩效指标都会发生巨大的改变，指标选择恰当，将会帮助企业实现经营预期，相反，指标选择错误，会误导企业经营决策，A 级选手必须系统理解三代企业经营理念，同时主动为企业经营承担更多的责任，为企业创造更多价值。

三、信睿SMART-EOS企业经营系统

正是基于第三代企业经营理念，我们把现代企业经营系统归结为五个方面：企值系统（做大企业市值）、企梦系统（把梦变成共同的梦）、企事系统（把事变成企业的事）、企人系统（把人变成企业的人）、企脉系统（打通任督"二脉"，即人脉、事脉），简称信睿 SMART-EOS 企业经营系统[1]，如图 2-3 所示。

1. 企值系统：做大企业市值

根据第三代企业经营理念，不管是上市企业，还是非上市的企业，都需要思考如何将企业市值做大，而做大企业市值除了利润外，还有一个非常关键的指标就是市盈率，对于很多互联网企业有时候也称为市梦率。

---

[1] SMART-EOS 企业经营系统由深圳信睿咨询提出。

A级选手成长路径

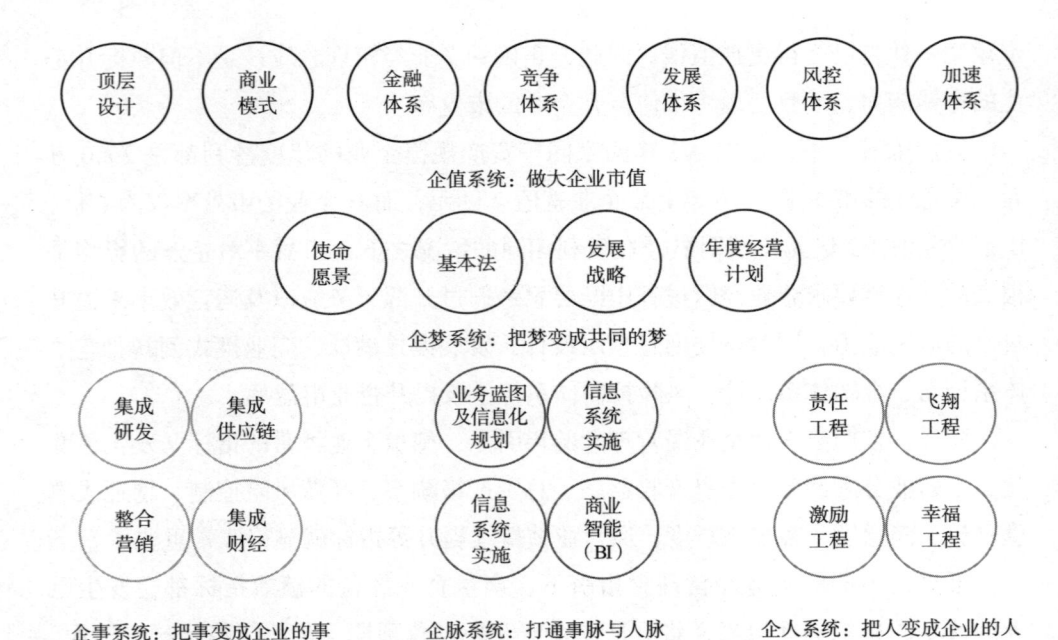

```
┌──────┐  ┌──────┐  ┌──────┐  ┌──────┐  ┌──────┐  ┌──────┐  ┌──────┐
│ 顶层 │  │ 商业 │  │ 金融 │  │ 竞争 │  │ 发展 │  │ 风控 │  │ 加速 │
│ 设计 │  │ 模式 │  │ 体系 │  │ 体系 │  │ 体系 │  │ 体系 │  │ 体系 │
└──────┘  └──────┘  └──────┘  └──────┘  └──────┘  └──────┘  └──────┘
```
企值系统：做大企业市值

```
┌──────┐   ┌──────┐   ┌──────┐   ┌──────┐
│ 使命 │   │ 基本法│   │ 发展 │   │年度经营│
│ 愿景 │   │      │   │ 战略 │   │ 计划 │
└──────┘   └──────┘   └──────┘   └──────┘
```
企梦系统：把梦变成共同的梦

```
┌──────┐ ┌──────┐   ┌──────┐ ┌──────┐   ┌──────┐ ┌──────┐
│ 集成 │ │ 集成 │   │业务蓝图│ │ 信息 │   │ 责任 │ │ 飞翔 │
│ 研发 │ │供应链│   │及信息化│ │ 系统 │   │ 工程 │ │ 工程 │
│      │ │      │   │ 规划 │ │ 实施 │   │      │ │      │
└──────┘ └──────┘   └──────┘ └──────┘   └──────┘ └──────┘

┌──────┐ ┌──────┐   ┌──────┐ ┌──────┐   ┌──────┐ ┌──────┐
│ 整合 │ │ 集成 │   │ 信息 │ │ 商业 │   │ 激励 │ │ 幸福 │
│ 营销 │ │ 财经 │   │ 系统 │ │ 智能 │   │ 工程 │ │ 工程 │
│      │ │      │   │ 实施 │ │ (BI) │   │      │ │      │
└──────┘ └──────┘   └──────┘ └──────┘   └──────┘ └──────┘
```
企事系统：把事变成企业的事　　企脉系统：打通事脉与人脉　　企人系统：把人变成企业的人

图2-3　信睿SMART-EOS企业经营系统

根据信睿SMART-EOS企业经营系统，我们将企值系统分为七个组成部分，分别为：

（1）顶层设计，包括公司性质规划、股权结构规划、运作模式规划、公司章程、治理结构（战略委员会、薪酬绩效委员会、审计委员会、提名委员会等）、议事规则等。

（2）金融体系，包括资本来源（实收资本、资本公积、盈余公积金、未分配利润等）、证券金融体系、银行金融体系、公司债券体系、企业征信等。

（3）商业模式，包括商业模式画布、商业模式创新、商业模式再造。

（4）竞争体系，包括关键成功因素识别、竞争态势分析、竞争策略规划、竞争模式选择。

（5）发展体系，包括产业选择、发展路径规划、价值链延伸（横向一体化、前向一体化、后向一体化）等。

（6）风控体系，包括运营风险、廉洁风险、授权风险、财务风险、金融风险、新技术风险、人力资源风险、政策风险、法律风险、自然灾害的识别、预防及纠正等。

（7）加速体系，包括业务增长模型、业务增长速度等。

2. 企梦系统：把梦变成共同的梦

一家企业想要走得稳、走得久，必须先解决如何将企业的梦想与员工的梦想尽可能保持一致的问题，让每位员工想企业所想、急企业所急，这就是我们通常讲的统一"三观"（世界观、人生观、价值观）。

根据我们的研究，我们把企业内部员工的梦想与企业的梦想之间的关系分为四种情况（图2-4）：

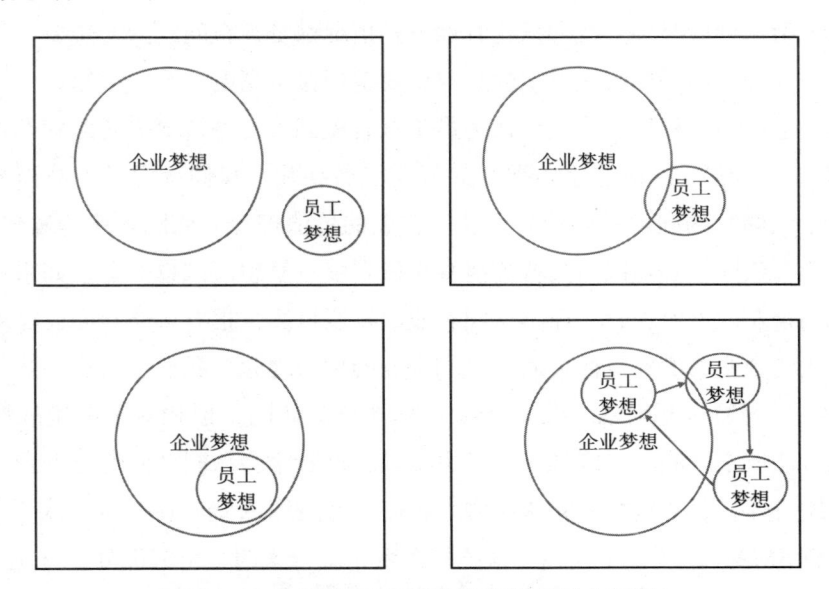

图2-4　企业梦想与员工梦想之间的关系（示意）

第一种情况是员工的梦想与企业的梦想毫无交集，这种情况是典型的"同床异梦"，虽然员工在企业上班，领着企业发的工资，耗着企业的资源，穿着企业的工服，戴着企业的工牌，但员工个人所想的与企业想要的格格不入，这种情况对企业而言是最可悲的。

第二种情况是员工的梦想与企业的梦想有一定的交集度，这种交集度可能只有10%、20%或者50%，也可能有90%，不同交集度的背后是企业梦想与员工梦想存在一定的趋同性，当然也存在一定的差异，一般情况下企业大多数员工都属于此种情况，关键就在于如何将交集度只有10%或者20%的员工使其扩大交集度，达到60%、70%甚至更高。

第三种情况是员工的梦想与企业的梦想完全一致，员工认为自己人生目标的实现完全依附于企业梦想实现的基础之上，这种员工在企业中毕竟只有少数，但往往这些少数员工在企业经营过程中有着举足轻重的作用。

第四种情况是员工的梦想与企业的梦想有时候一致,有时候有一定的交集,有时候完全没有交集,始终处于游离的状态。比如员工认为对自己有好处的时候他会靠近企业的梦想,一旦发现对自身不利的时候,员工又马上与企业撇清关系,根据我们的研究,企业内部这种员工的比例往往还不低,这些员工对企业的危害度也是最大的,企业需要擦亮眼睛,慎之又慎。

除了第三种情况外,我们认为其他三种情况都是存在问题的,想要经营好企业,首当其冲的就是要解决员工梦想与企业梦想保持高度一致的问题。

对应上面的四种情况,我们认为员工只有做到第三种情况描述的状态才有可能成为一名合格的A级选手。那么如何才能做到呢?我们认为员工必须要解决好"两个认同"的问题,即让自己认同企业的价值理念、认同企业的发展目标。而且"两个认同"必须同时具备才能真正做到统一梦想。试想一下,如果只是简单地认同企业的价值理念,而不认同企业的发展目标,很有可能会变成盲从;而如果只认同企业的发展目标,而不认同企业的价值理念,我们认为这种认同一定是短暂的,而且是相对的,相对于低目标他可能认同,但相对于有挑战性的目标,他可能就不认同了。同理,自己也必须尝试着学会认同企业价值理念、认同企业发展目标,只有这样才能快速融入企业,并按照A级选手标准要求自己。

信睿SMART-EOS企业经营系统将企梦系统分为四个组成部分,分别为:

(1)使命与愿景,包括企业存在的价值(对客户的价值、对员工的价值、对社会的价值、对股东的价值)、企业未来发展蓝图。

(2)基本法,包括核心价值观、发展战略及经营计划理念、市场营销与客户服务理念、产品研发理念、集成供应链理念、财务管理理念、人力资本管理理念、组织与流程理念、创新与变革理念等。

(3)发展战略,包括战略目标、业务战略(含产业战略、产品战略、客户战略、市场战略)、职能战略(市场营销职能战略、产品研发职能战略、供应链职能战略、财务投资职能战略、数字化职能战略、人力资源职能战略)、核心能力规划等。

(4)年度经营计划,包括年度经营环境分析(外部经营环境、内部经营环境)、年度竞争态势分析、年度竞争策略规划、年度战略地图、年度BSC及目标分解、年度业务计划、年度经营预算、年度经营计划实施平台、年度经营计划实施评价与衡量等。

3. 企事系统：把事变成企业的事

很多企业员工每天都很忙，甚至需要加班加点，但这些员工忙的每件事情是不是都能产生价值？是不是每件事情都是为增加收入、控制成本或者为提升运营效率提供支持？认真分析，我们不难发现，其实很多员工都是在做无用功，要么白白消耗公司资源，要么做一些毫无价值的事情，为了解决这一困局，我们认为企业有必要对内部的业务流程、管理流程、辅助流程进行系统梳理与优化，剔除不创造价值或者低价值的事情，让每位员工"把事变成企业的事"。

先有战略，后有流程，最后是组织。企业战略系统明确后，就需要建立完善的流程系统去保证战略及年度经营计划的落地与实施，我们将企事系统分为四大部分，分别为整合营销、集成研发、集成供应链、集成财务。

（1）整合营销，包括品牌定位、品牌宣传、媒介管理、市场研究、市场推广、市场物料、促销、渠道政策、产品定价、客户开发、销售订单开发、销售合同评审、订单交付、货款管理、客户服务、客户关系管理、客户档案管理、客户满意度管理、客户投诉受理等相关流程。

（2）集成研发，包括产品市场研究、市场需求管理、目标客户定位、产品线规划、产品定义、立项管理、产品开发、开发验证、新品试产、BOM管理、新品上市管理、产品迭代与升级、产品生命周期管理等相关流程。

（3）集成供应链，包括供应商开发、合格供应商管理、供应商评价、订单交付计划、物料计划、物料采购、作业计划、制程管理、仓储与物流、设备管理、工艺工程、物料品质、成品品质等相关流程。

（4）集成财务，包括预算制定与实施、资金管理、资产管理、融资管理、投资管理、会计核算、成本控制、费用管理、财务分析、税务管理等相关流程。

不论是整合营销、集成研发、集成供应链，还是集成财务，A级选手在企事系统的建设及执行过程中都应该发挥"领头羊"的作用，以身作则，积极参与。

4. 企人系统：把人变成企业的人

企业内部少则十几人、数十人，多则几百人、几千人甚至数万人，企业规模越大，员工人数越多，如何才能让每位员工各尽其责，企业需要从部门职能、岗位职责、任职资格、职位发展通路、员工激励、员工满意度等多个方面建立健全人力资源管理体系，我们将企人系统分为四大部分，分别为责任工程、发展工程、激励工程、幸福工程。

（1）责任工程，包括集团管理模式、集团组织结构、组织管理原则、公司一级结构、部门二级结构、部门使命与三级职能、定岗定编、岗位说明书、工作标准、职权与分权等。

（2）发展工程，包括岗位任职资格、职位横向与纵向发展路径、职业生涯规划、员工培训教育、优才计划、人才梯队规划与建设等。

（3）激励工程，包括物质激励、精神激励、短期激励、中期激励、长期激励、工资激励、福利激励、奖金激励等。

（4）幸福工程，包括组织氛围、企业文化、员工士气、员工满意度、员工敬业度等。

可以看出，企人系统就是企业如何成就A级选手的基础，当然，每一位员工也需要根据企业提供的企人系统努力让自己成为一名不可或缺的A级选手。

5. 企脉系统：打通"任督"二脉（事脉、人脉）

企业内部的任何事情都需要有明确的流程指引，而流程则需要人去执行，企脉系统就是要在公司内部建立完善的信息流、资金流、人流、物流系统，全程监控流程执行过程，并做到过程可跟踪，结果可视化。

在企业经营过程中，我们会面对大量新产生和发生变化的数据，同时根据企业经营需要还可能要对原有的数据采集方式进行调整和优化，因此应深入分析和规划信息系统以便达到前面所说的状态是非常有必要的。

企业信息系统规划与实施前，企业需要思考和回答如下问题：为了保证经营过程可控是否有必要实施信息系统？现有系统是否可以支持新的流程运作？需要进行哪些方面的调整？是否需要开发新的功能模块或信息系统？如何根据不同流程之间的接口实现相关信息系统的数据兼容？需要投入多少人力、物力和财力？是否值得投入？如何才能保证通过信息系统直观监控经营过程以及量化评价经营结果？通过上述问题的回答，我们可以轻而易举地识别出企业信息系统需求，为建立健全企业经营系统提供支持和帮助。

根据信睿SMART-EOS企业经营系统，我们将企脉系统分为四个组成部分，分别为：

（1）业务蓝图与信息系统规划，包括业务蓝图绘制、基于业务蓝图进行信息系统需求识别、信息系统规划等。

（2）信息系统实施，包括信息系统选型与论证、信息系统实施规划、信息系统开发、信息系统实施与上线、信息系统优化与升级等。

（3）系统集成与数据中心，包括信息系统集成需求识别、信息系统集成与数据呈现、数据中心规划与构建等。

（4）商业智能与经营驾驶舱，包括关键经营数据识别、经营分析报表规划、商业智能规划、经营驾驶舱规划与维护、经营驾驶舱数据运用等。

在企脉系统规划与实施过程中，A级选手也必须全力参与，并主动担当系统建设主力军以及系统推广、宣传的第一责任人。

四、企业生命周期与经营系统升级

企业经营系统建设是一项长期持续的工程，企业只要开展经营活动就必须思考如何结合自身的业务特性及经营需求构建并不断优化经营系统。

当然，在企业经营系统建设方面，我们也不能忽略企业生命周期及发展阶段，处于不同生命周期阶段的企业面临的危机不同，经营系统核心构成要素也是不同的。

如图2-5所示，企业在不同的发展阶段，就像一个人处于不同的年龄段一样，其历史使命和经营重点是不同的，同时企业不同发展阶段所面临的问题以及解决这些问题的最佳路径和方法也是有差异的。比如同样是员工激励的问题，企业在初创阶段只需要做好薪酬福利体系设计，多关心员工的生活就可以了；但到了成长阶段这些措施就不够了，除了薪酬福利体系外，还需要解决奖金体系；如果企业再往前发展到了成熟阶段，除了前面提到的内容外还需要解决核心员工期权、期股、股权等长期激励的问题。

人的一生必须经历求学、成家、生子、立业等一系列人生阶段，孔子认为，"吾十有五而志于学，三十而立，四十而不惑，五十而知天命，六十而耳顺，七十而从心所欲，不逾矩"，不同的人生阶段对人生的感悟是不同的，当然企业也不例外，从小到大，必须经历初创、成长、成熟和衰退等不同发展阶段，企业不同发展阶段的经营重点是不同的，管理的侧重点也会存在非常大的差异。

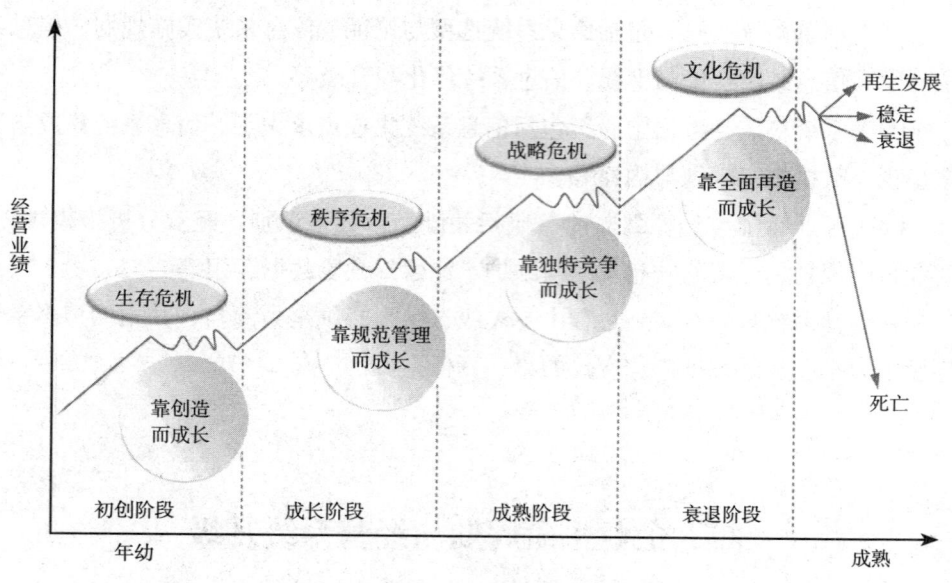

图2-5 企业生命周期

初创阶段的企业最需要解决的是生存的问题，这时候企业往往依靠某种市场机遇，抑或某种特殊的商业模式获得成长与发展，就如马云所讲："初创企业的核心就两点：生存和赚钱。"这时候的企业一般规模都比较小、业务模式也相对简单，同时需要解决的问题也相对单一，企业对管理体系的依赖并不强，我们把这个阶段的企业经营系统定义为初始化级。

但随着步入了快速成长期，企业规模会不断壮大，业务也会慢慢变得越来越复杂，内部组织分工就会越来越细，专业化分工更需要更专业化的人才。这个发展阶段的企业如果还是延续初创期粗放式管理，很有可能会遭遇灭顶之灾，提前进入衰退期甚至夭折，因此建立健全企业内部的管理秩序（如业务蓝图、流程体系、组织职位体系、利益分配体系、员工激励、人才培养、梯队建设、目标绩效体系等）就成为这一发展阶段企业管理工作的核心，我们把这个阶段的企业经营系统定义为规范化级。

进入成熟期后，企业资产达到一定规模后保持相对稳定，业务模式趋于成熟，竞争格局趋于稳定，同时，经过多年的快速发展，企业也积累了比较丰富的管理经验，此时独特的企业文化便会初露端倪。但此时的企业往往又会表现出组织臃肿、运营效率低下、盈利能力下降、员工士气衰减、创业激情丧失、持续发展乏力、战略导向模糊、组织变革困难重重、内部利益关系盘根错节等一系列问题。所有这些现象都预示着企业将面临极大的挑战和考验，此时，企业需要扁平化、分权化和系统化、柔性化的管理，为了充分发挥员工工作积极性，持续提升企业经营业绩，这时候需要企业对现有的经营系统进行系统优化。

随着企业步入衰退期，发展战略、市场营销、新产品研发、供应链运营、财务管理、成本控制、人力资源等方面都可能出现了问题，这就迫使企业对管理现状进行全面审视。值得注意的是，这时候最值得检讨的是发展战略和商业模式，企业需要通过对宏观环境、行业竞争及发展态势、自身经营状况、资源配置状况进行客观审视，重新确定企业发展愿景、定位以及总体发展战略、业务战略和职能战略，而这些又会成为这个阶段企业经营系统建设的重点。

可见，企业经营系统的建立，一定要与企业所处的发展阶段及战略诉求密切相关，而离开发展阶段及战略诉求去构建经营系统，很可能会导致事倍功半（见下表）。

不同生命周期阶段企业经营系统建设重点

发展阶段	企业经营系统级别	经营系统建设重点				
		企值系统	企梦系统	企事系统	企人系统	企脉系统
初创阶段	初始化级	顶层设计、金融思维、商业模式	使命、愿景、年度经营计划	业务选择与定义、计划体系、项目管理体系	组织定义、薪酬福利体系、核心团队建设	业务蓝图
成长阶段	规范化级	顶层设计、金融体系、商业模式、竞争体系、发展体系、加速体系、风控体系	使命、愿景、价值理念、发展战略、年度经营计划	价值链选择、业务蓝图规划、业务流程、管理流程	组织体系、激励体系、任职资格、人才培养、企业大学	业务蓝图、IT规划、信息化导入
成熟阶段	优化级	顶层设计、金融体系、商业模式、竞争体系、发展体系、风控体系、加速体系	战略升级、年度经营计划、基本法、文化建设	价值链重组、业务蓝图优化、流程体系优化	组织体系、集团管控、关键岗位、核心员工中长期激励	信息化升级、信息系统集成、商业智能
衰退阶段	再造级	顶层设计、金融体系、商业模式、竞争体系、发展体系、风控体系、加速体系	战略转型、企业文化再造、基本法重塑、年度经营计划	价值链再造、业务蓝图再造、业务流程再造	人力资本再造、组织再造、员工激励体系再造	业务蓝图再造、信息化再造

明白了企业经营系统、生命周期及不同生命周期企业经营系统构建的重点之后，企业在制订年度经营计划的时候还需要结合战略需求及年度经营目标来系统规划当年经营重点及策略，并通过过程衡量与评价保证年度经营目标顺利达成。

当然，在不同生命周期阶段，企业经营系统建设的侧重点是不同的，企业需要的 A 级选手的标准也存在一定的差异，在这里需要提醒的是每一位立志"把自己打造成为团队不可或缺的 A 级选手"都必须以企业经营的核心出发，结合企业不同生命周期阶段企业经营系统建设重点以及自身岗位职责为自己规划职业发展路径。

第三章 确保方向一致

深谙经营的本质是作为A级选手成长的第一步，接下来还需要A级选手深度理解企业发展战略及年度经营计划，始终保持与企业的发展方向相一致。

一、把梦变成共同的梦

前文已经讲过，企梦系统就是要解决如何将员工梦想与企业梦想保持高度一致与重叠的问题，让每位员工都能充分认识到企业目标需要个人去承接，而个人目标又是企业目标的重要组成部分，只有个人目标实现了，企业目标才能水到渠成。

根据我们的经验，除了通过使命、愿景、价值观的引导外，更重要的是A级选手要参与到企业战略规划及年度经营计划制订过程当中来，是否充分理解企业战略及年度经营计划将直接决定能否"把梦变成共同的梦"，实践证明，个人梦想与企业梦想重叠度越高的A级选手更容易在企业平台上获得成功。

二、企业发展战略规划与实施

前文对什么是战略已经有过定义，在此就不再赘述，这里我们重点来介绍一下企业发展战略是如何制订的，同时明确A级选手在企业发展战略制订与实施过程中需要扮演的角色。

发展战略规划是解决企业未来三年、五年、十年，甚至更长时间的发展问题。战略对于企业的重要性是不言而喻的，因为战略是企业开展一切经营活动的起点，犹如灯塔为大海上航行的船舶指明航向。中国企业发展到今天，如果去问任何一家企业：贵公司有战略吗？恐怕90%以上的企业都会告诉你它的战略是什么。我们且不要计较它是否科学合理，也不管它是老板拍脑袋决定还是花巨资请外脑规划的，也不追究它是否被严格执行，至少企业有了战略，就说明中国企业的管理还是进步的。然而企业发展到今天，广大管理者更应该明白：正确和客观地认识战略的重要性，以及保证战略有效落地和实施是任何一家企业进行战略管理的重中之重（图3-1）。

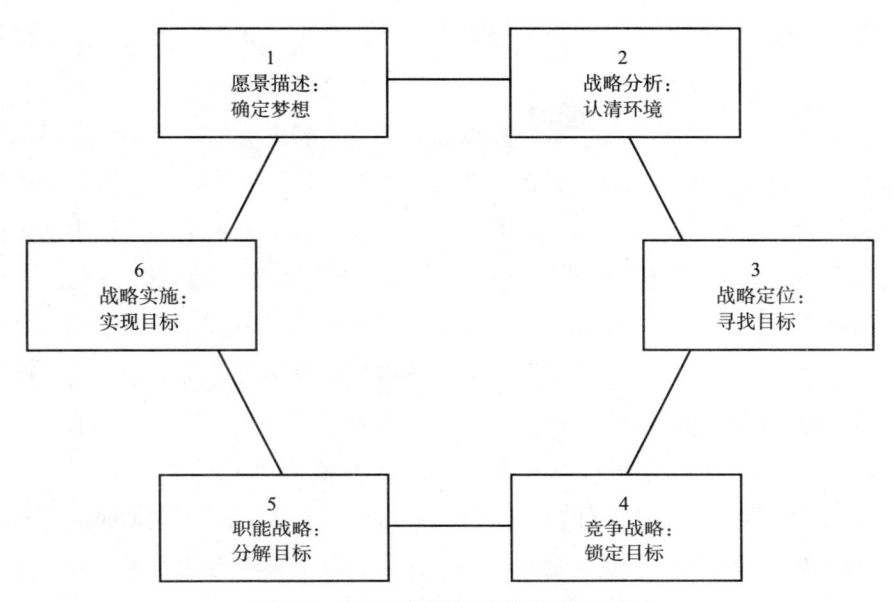

```
    ┌─────────┐         ┌─────────┐
    │   1     │         │   2     │
    │ 愿景描述：│─────────│ 战略分析：│
    │ 确定梦想 │         │ 认清环境 │
    └─────────┘         └─────────┘
       │                      │
       │                      │
    ┌─────────┐         ┌─────────┐
    │   6     │         │   3     │
    │ 战略实施：│         │ 战略定位：│
    │ 实现目标 │         │ 寻找目标 │
    └─────────┘         └─────────┘
       │                      │
       │                      │
    ┌─────────┐         ┌─────────┐
    │   5     │         │   4     │
    │ 职能战略：│─────────│ 竞争战略：│
    │ 分解目标 │         │ 锁定目标 │
    └─────────┘         └─────────┘
```

图3-1　企业发展战略规划与实施循环

1. 愿景描述：确定梦想

在任何企业，愿景就是企业的发展蓝图，是企业永远为之奋斗并期望达到的理想场景，愿景一旦确定，就需要企业全体成员将其作为终极目标去追求。愿景描述就是要解决这样一个最基本的问题：我们要成为什么？我们将向哪里去？

那么企业的愿景是从哪里来的呢？确定愿景对企业发展又有哪些好处呢？

彼得·德鲁克说："一家企业不是由它的名字、章程和公司条例来定义，而是由它的任务来定义的。"企业只有具备了明确的愿景，才可能制订明确和现实的企业目标。

威斯敏斯特大学教授约翰·基恩说："企业愿景可以集中企业资源、统一企业意志、振奋企业精神，从而指引、激励企业取得出色的经营业绩。"战略制订者的任务就在于认定和表明企业的愿景。

彼得·德鲁克和约翰·基恩为我们回答了以上两个问题，企业愿景不是由它的名字、章程确定，愿景是企业对未来蓝图的描述，是企业全体员工共同追求的事业梦想。

美国企业战略管理专家弗雷德·R.戴维教授认为，愿景的确定，可以帮助企业：

（1）保证企业经营目的的一致性。愿景是企业对未来的憧憬，很多企业在缺乏清晰愿景描述的情况下，很容易导致发展方向迷失，正如一个人在缺乏信仰的时候会造成灵魂的迷失一样。

（2）为企业配置资源提供基础或依据。企业一切资源的配置都来自自身发展方向和战略选择，诸如小米手机投入两三千人的研发团队正是源于其对手机核心技术的苛求，同样京东斥巨资打造完善的电商物流也是源于京东"让生活变得简单快乐"的使命和"成为全球最值得信赖的企业"的愿景定位，以及"多快好省"的经营理念。

（3）建立统一的企业文化氛围和工作环境。企业愿景就像宗教教义一样，为全体员工树立职业追求的终极目标，同时，愿景还有助于在公司内部形成统一的价值理念和文化氛围，让员工把企业当成自己的家。

（4）通过集中的表达，使员工认识企业目标和发展方向，防止他们在不明白企业目标和方向的情况下参与企业活动。企业经营最大的内耗在于内部的员工不清楚公司的目标，不清楚部门的目标和自己的目标，各自使力的方向不统一，因而造成极大的浪费，愿景可以很好地帮助企业规避这一困惑。就如党的十八大提出的"中国梦"，它既是国家的梦，也是民族的梦，同时又是人民的梦；它是过去的，是现在的，也是未来的梦，正因为有了"中国梦"，共产党人才能带领全国人民实现民族复兴、国家兴旺、人民幸福。再如党的十九大报告中提出的"坚持和平发展道路，推动构建人类命运共同体"，将中华民族的愿景提升到全人类的层面，我们要谋求本国发展的同时，也要促进世界各国共同发展，这体现了共产党人的伟大胸襟。

国家如此，企业也是一样的，我们先来看看华为。1998年发布的《华为基本法》中提到，华为的愿景是"丰富人们的沟通和生活"，正是在这样愿景指引下，华为从1998年不到90亿元的销售收入一路高歌猛进终于在2018年突破7000亿元，成为中国企业的佼佼者。展望未来，面向5G及智能世界的发展需要，在2017年华为成立30周年之际，华为又确定了新的愿景——构建万物互联的智能世界，任正非对公司的新愿景给出了这样的解释：把数字世界带入每个人、每个家庭、每个组织，本身就是以客户为中心；以数字世界面向客户，用数字技术能使数字世界进入人们的生活和工作，华为通过数字技术的突破，带给客户更好的产品和服务，从而把数字世界带入人们的生活和工作中；从数字世界走向智能世界。我们相信，在华为新愿景的指引和激励下，全体华为人必将坚持公司"聚焦、创新、稳健、和谐"的核心理念，再续辉煌。

再来看看小米科技，仅仅成立9年就荣膺2019年财富世界500强，排名468位，在上榜的全球互联网企业中排名第7，排在亚马逊、谷歌、Facebook、京东、阿里巴巴、腾讯之后，在上榜的中国企业中排名第112位。小米科技成立于2010年3月3日，是一家专注于智能硬件和电子产品研发的移动互联网公司，小米自创立之初就确定了"让每个人都能享受科技的乐趣"的愿景，应用互联网开发模式开发产品，用极致精神做产品，用互联网模式"干掉"中间环节，致力让全球每个人都能享用来自中国的优质科技产品。

（5）有助于目标转化为工作的组织结构，以及向企业内各责任单位分配任务。有了清晰的愿景，更加有利于企业内部组建高效的流程和组织体系，有利于明确各部门的使命和职责，有利于各部门全力以赴实现企业赋予的目标。

（6）使企业的经营目标具体化，以便使成本、时间、质量、效率等绩效参数得到评估和控制。企业经营的核心在于用最小的投入获得最大化的收益，伟大的愿景可以让员工不计得失，以饱满的热情完成企业经营目标，这时候企业整体运营成本是最低的，大家耳熟能详的海底捞就是一个最好的例子。

2. 战略分析：认清环境

愿景为企业描述了未来的发展场景，有了清晰的愿景描述（我们要成为什么？我们将向哪里去？未来会成为什么样子？）之后，企业还必须客观分析面临的经营环境，认清自身所处的位置，而这就是本书接下来要阐述的企业战略分析。

因为，"在任何场合，企业的资源都不足以利用它所面对的所有机会或规避它所受到的所有威胁。因此，战略基本上就是一个资源配置的问题。成功的战略必须将主要的资源用于利用最有决定性的机会"，美国领导力、营销和战略专家威廉·科恩说。

通常情况下，企业经营环境分析主要有两个维度，即外部环境分析、内部环境分析。

（1）外部环境分析，是通过收集和分析企业外部经济、社会、文化、人口、环境、政治、法律、政府、政策、技术和竞争等信息，确定企业所面临的机会和威胁。

（2）内部环境分析，是通过收集和分析企业有关管理、市场营销、财务管理及投（融）资、生产制造、供应链管理、产品研发、品质管控、人力资源、企业文化、核心价值链优化等方面的信息，确定企业最重要的优势和劣势。

3. 战略定位：寻找目标

企业在对外部环境、内部环境进行客观分析之后，还需要将分析的结果用SWOT矩阵进行归集和再分析，为企业进行战略定位提供依据。

根据企业的SWOT分析结果，我们就可以确定战略选择的方向，通常情况下，企业会有很多选择：前向一体化、后向一体化、横向一体化、多元化、并购、剥离等，都是可能的选择之一，当然，企业还可以进行战略组合选择，但究竟是选择单一战略还是组合战略，这需要评估企业自身的资源状况，因为没有一家企业能够拥有足够的资源来选择和实施对其有益的所有战略。

弗雷德·R.戴维教授在《战略管理》（第10版）一书中将企业可以选择的战略一共分为四大类：一体化战略、加强型战略、多元化战略、防御型战略。其中，一体化战略分为前向一体化战略、后向一体化战略和横向一体化战略；加强型战略分为市场渗透战略、市场开发战略和产品开发战略；多元化战略分为集中多元化战略、横向多元化战略和混合多元化战略（又称无关多元化）；防御型战略分为收缩战略（重组战略、扭转战略）、剥离战略和清算战略。

另外，对于企业战略的分类和选择，迈克尔·波特在20世纪80年代提出的战略三部曲，即《竞争战略》《竞争优势》《国家竞争优势》中提到，各种战略使企业获得竞争优势的3个基本点是：成本领先、差异化、专一经营，通常我们也把波特的这一思想称为"一般性战略"。

（1）成本领先战略，也称为低成本战略，是指企业通过有效途径降低成本，使企业的全部成本低于竞争对手的成本，甚至是在同行业中最低的成本，从而获取竞争优势的一种战略。根据企业获取成本优势的方法不同，我们把成本领先战略概括为如下几种主要类型：

①简化产品型成本领先战略，使产品简单化，即将产品或服务中添加的花样全部取消。

②改进设计型成本领先战略，通过设计及工艺改进，大幅度降低研发、制造成本，从而获得战略成功。

③材料节约型成本领先战略，通过引进新材料，节约材料成本，从而获得竞争优势。

④人工费用降低型成本领先战略。

⑤生产创新及自动化型成本领先战略，通过生产模式的创新，以及自动化、信息化水平的提升，节省成本，获得成功。如深圳比亚迪公司为了提升工作效率，降低生产成本，通过大量引进机械手改进生产工艺和自动化水平，取得了巨大的成功。

（2）差异化战略，就是将公司提供的产品或服务差异化，形成一些在全产业范围内具有独特性的东西。差异化战略可以通过以下手段和途径去实现：

①追求产品品质的优异化，创造独家所有，确保市场占有率低而投资回报率高。

②追求产品专利权的差异化，以专利保护技术创新，以此区隔市场。

③追求产品创新力的优异化，技术第一，是最先进的产品。如苹果、格力等都是追求技术创新和极致产品的典范。

④追求产品周边服务的优异化，创造特性和附属性功能。

⑤追求售前和售后服务的优异化。

⑥追求品牌的优异化，强调产品的品牌诉求。

（3）专一经营战略，也称集中化战略、目标集中战略等，它是指主攻某一特殊的客户群、某一产品线的细分区段或某一地区市场。

企业专一化经营战略的确定，需要满足以下某些条件：

①拥有特殊的受欢迎的产品。

②开发了专有技术。

③不渗透的市场结构。

④不易模仿的生产、服务以及消费活动链。

4. 竞争战略：锁定目标

通过前面提到的战略分析和战略定位，企业已经对自身所处的经营环境（外部环境、内部环境）有了全面的认知，同时也确定了需要进入的产业、区域、市场，明确了自己的客户和产品选择，企业可以像万科一样集中精力做精做强住宅地产，也可以像恒大一样立足地产，横跨金融、体育、大健康、新能源汽车等多领域；可以像格力电器一样选择专一经营战略（空调），也可以像美的一样选择一体化甚至多元化战略（家电、物流、地产）；可以像茅台一样选择"一品为主，多品开发，做好酒文章；一业为主，多种经营，走出酒天地"，也可以像五粮液一样选择"一业为主，多元发展"……无论如何，企业最终究竟该选择什么样的战略，这与企业拥有的资源、所处行业、宏观及微观环境、愿景及战略意图等因素都有很大的关联性。

很多企业在进行战略规划的时候，往往会觉得有了战略选择就完成了战略的规划工作。其实不然。仅有了战略选择还不够，因为企业战略的实现是在一个复杂、多变的环境中完成的，战略选择后，企业还需要确定和锁定主要竞争对手，只有这样才能保证战略的实现，这就是我们通常所说的竞争战略。

竞争战略的确定需要秉承"锁定法则"，具体地说，就是要确定谁是主要竞争对手，找准重点、锁定目标，切不可草木皆兵，把所有的同行企业都当成自己的对手。

清晰并成功地锁定竞争对手之后，企业就要采取出其不意、攻其不备等手段，确定自己的竞争战略，一般来讲，企业的竞争战略包括基础竞争（如规范化管理竞争）、条件竞争（如资源竞争）、市场竞争（如差异化市场）、人力资源竞争（如高激励、多通道发展）、标杆竞争（如学习竞争）、差异化竞争（如创新竞争、产品竞争、渠道竞争、客户资源竞争）、无差异竞争（如价格竞争）等。

5. 职能战略：分解目标

目标对于企业战略实施和经营非常重要，没有目标的战略不能称为战略，没有目标的企业就如脚踩西瓜皮，踩到哪里算哪里。

企业在进行战略实施的过程中，还需要对目标进行分解，比如新产品研发、生产制造及供应链、市场营销、财务投资、人力资源等，这就是我们通常所说的职能战略。

弗雷德·R.戴维教授认为，企业职能战略确定和目标分解的过程中必须关注以下问题：如年度经营计划、制订政策、企业改组和流程再造、调整现行组织结构、优化员工激励计划、实施管理变革、提升管理者对战略的适应能力、培训支持新战略的企业文化、调整生产作业过程、发展有效的人力资源功能等管理问题，同时，还需要关注市场营销（包括品牌管理、媒介策略、市场细分、产品定位、销售管理、促销活动、价格管理等）、财务管理（包括资金管理、预算管理、会计核算等）、研究与开发（新产品市场研究、产品规划、新产品开发、新产品发布、新产品生命周期管理等）、信息系统管理等问题。

关于以上问题，我们的经验是企业在进行战略规划的时候，为了能够让战略规划落地，需要慎重研讨和确定职能战略，但职能战略的实现，则需要年度经营计划作为载体予以保障。关于年度经营计划的内容在本章后面会有更加详细的阐述。

6. 战略实施：实现目标

公司战略目标分解完成后，战略管理过程还远没有结束，企业必须将战略意图转化为切实可行的战略行动，并规划这些行动实施需要具备的能力及条件，建立战略动态管理机制，定期组织对战略实施状况进行评价与衡量，才能确保战略有效实施。

（1）核心能力规划与培植。从愿景描述、战略分析、战略定位、竞争战略，再到职能战略，都是围绕企业战略选择、战略目标确定展开的，但战略目标是否能够实现需要企业反过来思考自身拥有的资源是否充足、能力是否具备，因此当企业战略目标确定后还需要识别和规划战略实现所必须的核心能力。

常见的核心能力有拥抱变化的能力、产品创新能力、供应链整合能力、整合营销能力、成本控制能力、融资能力、投资能力、资本运营能力、资源整合能力、风险控制能力、人才培养与发展能力、规范化管理能力、战略规划与实施能力等。

（2）确定年度目标。发展战略确定了公司3～5年的目标，这是一个相对长期且宏观的目标，在年度经营计划实施的过程中，企业需要根据每年的实际状况确定年度目标，关于年度经营目标确定的问题在本章后续会详细展开说明。

（3）明确战略实施政策。战略确定了未来一段时间企业的发展方向，而且这个发展方向并不是一成不变的，战略实施的过程中需要及时根据方向调整优化并配套相应的政策，如人力资源政策、市场营销政策、产品研发政策、供应链政策及财务政策等。

（4）规划战略实施资源配置。资源配置是战略实施过程中的一项核心活动，换言之，也就是企业战略资源配置是否充分在很大程度上决定了战略是否能够有效实施，这些资源既包括人、财、物，也包括产、供、销。

（5）核心业务流程再造与组织优化。战略决定流程，流程决定组织。不同的战略需要不同的流程去支撑，而不同流程更需要不同的组织模式与之相配套。关于核心业务流程再造与组织优化在本书第五章将会有更加详细的阐述。

（6）优化员工激励体系。战略最终的实施是要依靠人的，因此当企业战略确定后有必要对员工激励体系进行细致规划，确保员工有意愿为公司战略实现而奋斗。同样，关于员工激励体系的内容在本书第九章也会有详细阐述。

（7）培育支持战略实施的企业文化。不同的战略诉求，对于企业的文化要求是不同的，比如产品研发战略需要创新文化、市场战略需要狼性文化、财务投资战略需要积极稳健文化、人力资源战略需要开放包容文化……总之，战略实施之前企业需要慎重评估现有文化与战略实施需要的文化之间存在的差异，并及时做出相应的调整还是非常有必要的。

综上所述，在企业发展战略制订及实施过程中，A级选手首先是参与者，A级选手必须全程参与企业发展战略的制订，同时A级选手又是战略实施推动者，因为在战略实施过程中只有A级选手才懂得战略的重要性，只有A级选手才能做到"快乐地做战略确定做的事情""战略确定做的每一件事情都达到120分""常年累月地坚持推动战略落地与执行"！

三、年度经营计划制订与管理

战略固然重要，但世事难料。对于任何一家企业而言，面对经济环境瞬息万变、新技术日新月异、电商翻云覆雨、替代产品层出不穷、竞争者蜂拥而至、投机者虎视眈眈、行业内群雄逐鹿的经营环境，很多企业才入"蓝海"，很快又陷入了"红海"的漩涡，稍不留神，就会被历史的车轮碾得粉碎，如何才能保证企业长远的战略能够真正落地，唯有从眼前做起、从现在做起，以终为始，清晰规划和定义年度经营策略，并确保每年都能严格按照经营计划执行。

在本人的拙作《年度经营计划制订与管理》中，我将年度经营计划定义为：年度经营计划就是在企业发展战略指引下，通过对企业经营环境、竞争态势及策略的研究和取舍，确定特定经营年度策略及目标，并通过科学地规划和实施业务计划、年度经营预算及年度经营计划实施平台，促使企业经营目标顺利实现的全过程（图3-2）。

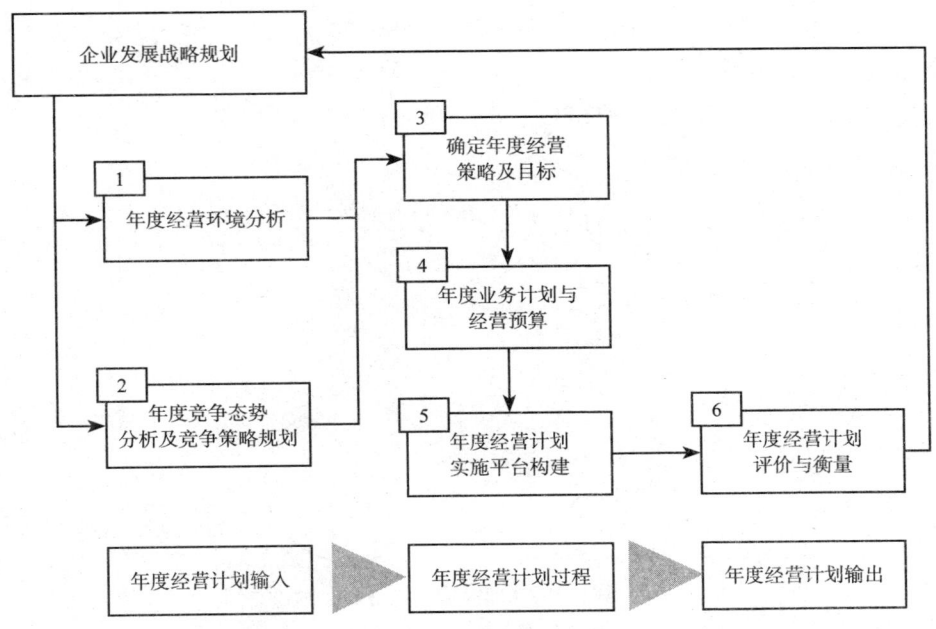

图3-2 年度经营计划制订与管理六步法

1. 年度经营环境分析

年度经营环境分析是制订年度经营计划的第一步，经营环境分析包括外部经营环境分析、内部经营环境分析及经营环境综合分析。

（1）外部经营环境分析。年度外部经营环境分析是通过收集和分析特定经营年度企业外部政治、法律、政府政策、经济、社会、文化、人口、环境、技术和竞争、客户需求、行业发展态势、行业价值链、外部利益相关者等方面的信息，确定企业面临的机会和威胁。

企业在进行年度外部经营环境分析时常用的工具有：PEST分析、波特五力分析、行业集中度分析、行业生命周期分析、外部利益相关者分析等（图3-3）。

（2）内部经营环境分析。企业年度内部经营环境分析是通过收集和分析企业有关市场营销、财务管理及投（融）资、生产制造、新品研发、品质管控、供应链管理、人力资源、企业文化、核心价值链、核心业务流程、管理制度等方面的信息，帮助企业明确经营管理短板与优势，以便让企业更加有效地利用自身优势抓住机会，规避威胁，同时通过对自身劣势的不断加强和补足，提升企业核心竞争能力。

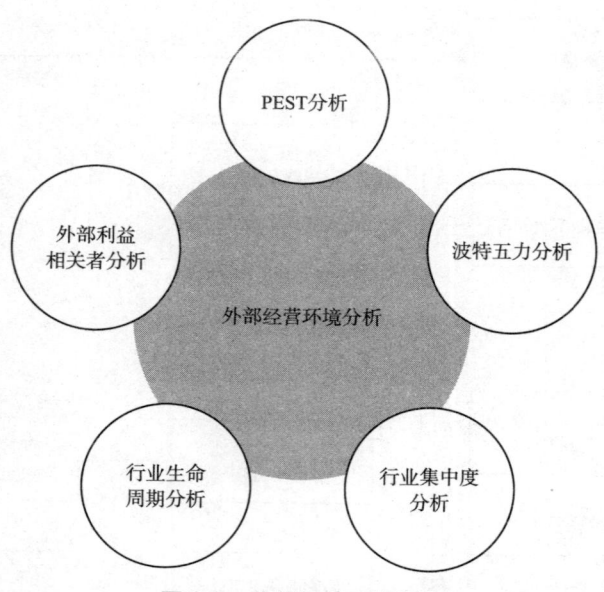

图3-3 外部经营环境分析

根据我们以往的操作经验，企业利用显微镜进行内部经营环境分析的时候主要把握好以下七个视角：内部价值环与业务蓝图现状分析、公司级KPI检讨、年度财务决算、经营"三度"测量（管理成熟度、员工满意度、客户满意度）、管理现状评价、关键职位族员工适岗率评估、内部利益相关者分析（图3-4）。

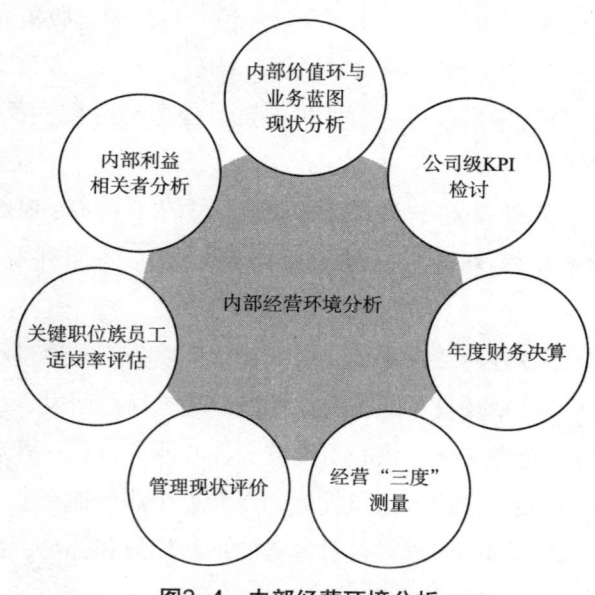

图3-4 内部经营环境分析

（3）经营环境综合分析。在对企业外部经营环境、内部经营环境的分析之后，我们可以清楚地看到在特定的经营年度企业所面临的市场机会与威胁，以及内部的优势与劣势，那么如何才能发挥优势抓住机会、规避威胁，同时取长补短、化解劣势，形成可以实施的 SO、WO、ST、WT 策略，这是企业在制订年度经营计划的时候需要考虑的重中之重（表3-1）。

表3-1　SWOT分析表

分类	S（优势）	W（劣势）
O（机会）	SO（增长型策略） 发挥优势，利用外部机会	WO（扭转型策略） 利用外部机会弥补自身不足
T（威胁）	ST（多元化策略） 利用自身优势规避外部威胁	WT（防御型策略） 通过努力减少自身劣势，进而回避外部的威胁

2. 年度竞争态势分析及竞争策略规划

任何一家企业都不可能独立存在，也就是说，任何一家企业都会处于一个激烈的竞争环境之中，因此，根据行业特性识别行业关键成功因素，找准竞争对手，研究竞争对手的竞争策略，因地制宜地确定企业自身的年度竞争策略也是很关键的（图3-5）。

（4）竞争策略规划

（3）竞争态势分析

（2）锁定竞争对手

（1）识别行业关键成功因素

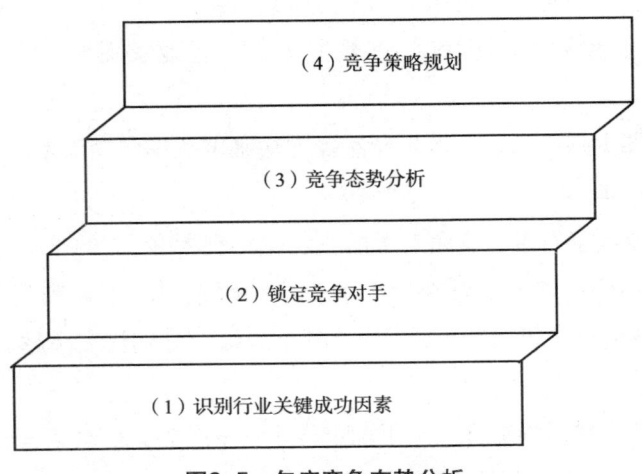

图3-5　年度竞争态势分析

（1）识别行业关键成功因素。行业关键成功因素（Key Success Factors，KSF）是指影响行业内各企业盈利能力的主要因素，例如产品性能、品牌竞争力、市场表现等。从本质上说，行业关键成功因素是所有企业为了在竞争和财务上获得成功所必须具备的能力或条件，一般选择3～5个为宜，行业关键成功因素也会因行业而异，因时而异，同时随驱动力和竞争情况而改变。

每个行业，其行业特征、生命周期、竞争态势、宏观环境等都存在很大的差异，导致不同行业的关键成功因素也会存在很大的不同。比如说，对于地产企业而言，土地获取能力、资本运营能力、资源整合能力等因素是成功的关键；对于传统制造型企业而言，研发能力、产品加工能力、制造规模等因素可能是成功的关键；对于流通型企业而言，渠道管理、品牌管理、价格政策等因素会成为其成功的关键，其中对于电商企业而言，平台、流量、速度和服务很重要；而对于技术导向型企业而言，产品研发、新技术导入、新产品发布、产品生命周期管理等则显得更加重要。

（2）锁定竞争对手。竞争对手是指在某一行业或领域中，拥有与本企业相同或者相似资源（包括人力资源、资金、产品、经营环境、品牌、信息、渠道、产能等）的企业，它们的行为（包括品牌宣传、市场活动、价格策略、促销、员工激励、管理活动等）会给本企业带来一定的利益影响。企业在制订年度经营计划的时候需要按照"规模相当、市场相近"原则锁定自己的竞争对手。

（3）竞争态势分析。竞争态势分析就是分析企业自身与主要竞争对手之间的竞争优劣势，竞争态势分析可按照以下步骤进行：

①确定行业关键成功因素。一般情况下，行业关键成功因素不宜过多，3～5个为宜。

②通过内部头脑风暴法、德尔菲法等方法确定关键成功因素的重要性，并按照重要程度进行排序。

③锁定企业竞争对手。竞争对手的锁定也不宜太多，以1～2家为宜。

④关键成功因素评分。针对每项关键成功因素对本企业和竞争对手分别打分，最高分为5分，最低分为1分，分为5个等级，分别代表卓越、优秀、良好、一般、较差。

⑤确定竞争态势。根据评分结果确定行业竞争态势，行业竞争态势分为四种，即我强敌强（SS）、我强敌弱（SW）、我弱敌强（WS）、我弱敌弱（WW）。

（4）竞争策略规划。过去我们经常讲，狭路相逢勇者胜，然而在今天这种白热化的竞争环境中，单凭匹夫之勇已很难获得成功，因此我们认为，正确的观念应该是"狭路相逢智者胜"！根据竞争态势分析结果，有针对性地制定竞争策略，做到有的放矢，这才是企业获得胜利的保障。

常见的竞争策略有三种：领先策略、维持策略、跟随策略。

①领先策略：主动挑起战争，不管对手在做什么，企业先发制人。

②跟随策略：不主动挑起战争，跟随竞争对手，也就是我们通常所说的"敌动我动，敌不动我也不动"。

③维持策略：敌动我不动，以不变应万变，企业根据自己的资源配置及市场地位，维持现状不变，将现有资源及力量全部集中到领先策略或跟随策略上。

当然，企业在选择竞争策略的时候，并不是说领先策略就一定好，维持策略就一定不好，这要看企业自身的战略选择和拥有的资源状况、与现有竞争对手的竞争态势，以及对行业成功路径的洞察、竞争对手的竞争策略等多种因素。

3. 确定年度经营策略及目标

在经过经营环境分析、竞争态势分析及竞争策略规划之后，就可以非常清楚地知晓企业在特定经营年度自身所处的经营及竞争环境，同时也清楚了自身的优势、劣势以及如何参与竞争并取得最终的成功，这样一来企业便可以胸有成竹地进行年度经营目标的确定了。

（1）战略地图输入识别。在绘制企业年度战略地图之前，需要对年度经营环境分析结果、年度竞争策略、企业发展战略回顾等内容进行系统筛选，将真正能够帮助企业年度经营目标实现的关键策略全部识别出来，识别时从"是否战略需要""是否关键策略""是否系统性问题""是否需要公司层面解决""是否阶段性问题""是否资源充分"六个维度进行。

（2）绘制战略地图。战略地图是由美国管理专家罗伯特·S.卡普兰、戴维·P.诺顿提出，为企业全面描述战略和年度经营计划提供了帮助，有利于管理者和员工共同认识发展战略和经营计划（图3-6）。

根据年度战略地图输入识别的结果，企业可以按照以下步骤绘制战略地图：

①确定股东价值差距（财务层面）。通常情况下，股东价值差距有几种表达

方式，可能是利润增长，也可能是销售增加；可能是成本控制，也可能是长期稳健运营、风险控制。

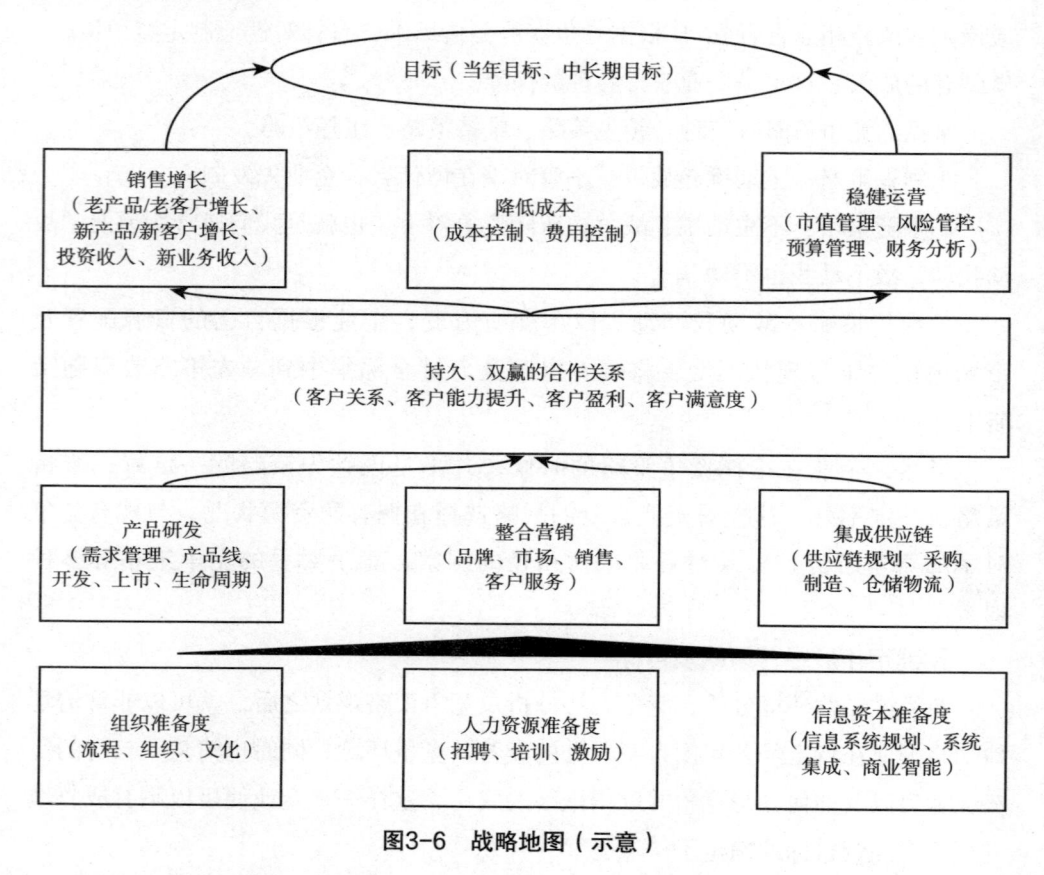

```
                    目标（当年目标、中长期目标）

   销售增长                                        稳健运营
（老产品/老客户增长、        降低成本              （市值管理、风险管控、
 新产品/新客户增长、       （成本控制、费用控制）    预算管理、财务分析）
 投资收入、新业务收入）

              持久、双赢的合作关系
         （客户关系、客户能力提升、客户盈利、客户满意度）

   产品研发                整合营销                集成供应链
（需求管理、产品线、      （品牌、市场、销售、    （供应链规划、采购、
 开发、上市、生命周期）      客户服务）             制造、仓储物流）

   组织准备度             人力资源准备度            信息资本准备度
（流程、组织、文化）      （招聘、培训、激励）    （信息系统规划、系统
                                                  集成、商业智能）
```

图3-6　战略地图（示意）

②调整客户价值主张（客户层面），弥补股东价值差距，需要对现有的客户进行分析，调整企业的客户价值主张。客户价值主张主要有四种：

第一种价值主张强调总成本最低。这种客户价值主张简单、一目了然，那就是企业要通过提升流程效率、压缩费用、降低成本等手段，使企业的整体运营成本最低化，进而满足客户需求。

第二种价值主张强调产品创新和领导。这种客户价值主张并不会要求企业一味地压缩成本，而是要求企业通过不断创新，为客户提供持续具有竞争力的产品和服务。

第三种价值主张强调提供全面客户解决方案。这种价值主张的客户需求已经不是简单的产品或产品组合，客户需要的是全方位的解决方案。

第四种价值主张强调系统锁定。这种客户价值主张看重的不仅是产品本身或解决方案本身，它需要的是对企业全方位的评价和衡量，以确保企业能够长期、稳定地提供产品或服务。

③确定战略主题（内部流程层面），要找出关键的流程，确定企业短期、中期、长期要做什么事。通常而言，有四个关键内部流程至关重要，即运营管理流程、客户管理流程、创新流程、社会流程。

④提升战略准备度（学习和成长层面），分析企业现有无形资产的战略准备度具备或者不具备支撑关键流程的能力，如果不具备，找出办法来予以提升。企业无形资产分为三类，即人力资本、信息资本、组织资本。

（3）编制平衡计分卡。战略地图可以有效帮助企业建立系统的年度经营思维，从财务角度入手，引导企业分别从顾客、内部流程、员工学习与成长等几个层面进行策略规划与落地，为了直观衡量战略地图四个层面的问题，罗伯特·S.卡普兰、戴维·P.诺顿又提出了平衡计分卡理论，他们认为企业通常可以采用以下指标对四个层面进行评价与衡量，当然更需要根据当年的经营策略单独确定，见表3-2。

表3-2　平衡计分卡（示意）

战略主题类型	一级战略主题	二级战略主题	衡量指标	年度目标	责任主体					
					A部门	B部门	C部门	D部门	E部门	……
财务层面										
客户层面										
内部流程层面										
学习和成长层面										

4. 年度业务计划与经营预算

兵马未动，粮草先行，年度经营目标确定后，还需要企业相关部门针对每项目标编制业务计划，并预算投入与产出。

（1）年度业务计划编制。年度经营目标确定后，接下来的工作就是要规划如何保证经营目标的顺利实现，这就需要相关目标的责任担当主体对目标进行细化，进而提出目标实现的行动步骤和方案，在很多企业也统称为年度业务计划系统。

企业年度业务计划包括年度营销计划（包括品牌计划、市场计划、渠道管理计划、销售计划、价格计划、客户服务计划等），年度研发计划（包括新品路线图计划、新品开发计划、新品上市计划、产品生命周期管理计划等），年度供应链运营计划（包括供应商管理计划、物料供应计划、生产计划、品质控制计划、仓储计划、物流计划等），年度财务及投资计划（包括年度投资计划、年度融资计划、年度税务规划、年度成本控制计划等），年度人力资源计划（包括年度人力资源需求计划、年度人力资源招聘计划、年度人力资源培训计划、年度人力资源激励计划等）。

关于年度业务计划的编制模板读者朋友可以参阅本书第四章相关内容。

（2）年度经营预算编制。企业在制订年度经营计划的时候，仅有业务计划还不够，因为对于任何一家企业而言，其经营的目的都是要追求效益最大化，因此，企业还需要根据业务计划和年度经营目标确定年度经营预算。

年度经营预算一般包括收入预算和支出预算，其中收入预算包括产品或服务销售收入、投资收入、其他营业外收入，支出预算包括人工成本、生产成本、销售费用、财务费用、管理费用等。在这里需要强调的是，企业在进行年度支出预算的时候，还必须考虑战略投入预算，即公司为了达成未来战略目标必须在当年进行的投入，这些投入可能与当年经营目标的实现关系不大，比如新厂房的建设投资、新品研发储备投入、人力资源储备投入、潜在目标市场的培育投入、新业务培育投入等（表3-3）。

5. 年度经营计划实施平台构建

企业年度经营目标、年度业务计划及年度经营预算确定后，如何才能让每个员工发挥个人的主观能动性，让平凡的人做出不平凡的事情，最终保证年度经营目标顺利实现？这就需要企业思考搭建年度经营计划实施平台。

表3-3　年度经营预算（示意）

预算项目	公司总计	预算部门					
		A部门	B部门	C部门	D部门	E部门	……
第一部分：营业收入							
一、主营业务收入							
二、其他业务收入							
第二部分：营业成本							
一、主营业务成本							
二、其他业务成本							
第三部分：增值税及附加							
一、增值税							
二、增值税附加							
第四部分：期间费用							
一、销售费用							
二、管理费用							
三、财务费用							
第五部分：资产减值损失							
一、应收款项减值损失							
二、存货减值损失							
三、固定资产减值损失							
四、无形资产减值损失							
第六部分：投资收益							
第七部分：营业利润							
第八部分：营业外收支							
一、营业外收入							

续表

预算项目	公司总计	预算部门					
		A部门	B部门	C部门	D部门	E部门	……
二、营业外支出							
第九部分：利润总额							
第十部分：所得税							
第十一部分：净利润							
第十二部分：战略性支出预算							

根据我们多年企业辅导经验，我们把年度经营计划实施平台归结为四个方面：基于年度经营计划的业务流程优化、基于年度经营计划的组织体系建设、基于年度经营计划的员工成长与发展体系建设、基于年度经营计划的员工激励体系建设。

（1）基于年度经营计划的业务流程优化。根据每年经营环境及竞争态势，企业为了顺利实现年度经营目标可能会采取不同的经营策略，如何才能确保这些策略顺利落地实施，这就需要企业根据每项策略对相关流程进行优化。

（2）基于年度经营计划的组织体系建设。企业战略和年度经营计划不同，流程就不同，企业的组织体系也要进行相应的调整和变化，年度组织体系建设包括公司一级结构，部门二级结构，授权体系，定岗、定编、定员规划等工作。

（3）基于年度经营计划的员工成长与发展体系建设。年度经营计划确定后，员工是关键。根据目标实现、策略实施及年度组织体系建设需要，建立和完成员工成长与发展体系是必不可少的，年度员工成长与发展体系建设包括职业发展通路、培训教育、培养发展等。

（4）基于年度经营计划的员工激励体系建设。员工激励计划包括中高层员工的中长期激励计划、销售人员的激励计划、研发人员的激励计划、生产制造人员激励计划、中后台员工激励计划等，企业每年经营目标不同，实现经营目标的路径也会有异，导致年度经营目标实现的关键岗位也会不同，因此，针对年度经营目标及目标实现路径，识别关键员工并制订针对性的激励计划对于年度目标的实现至关重要。

6. 年度经营计划评价与衡量

没有评价就难分好坏，建立完善的年度经营计划评价与衡量体系是确保年度经营目标顺利达成的关键。通常而言，企业年度经营计划实施衡量及评价体系主要包括企业年度经营决策组织、年度经营报表体系、年度经营会议体系、年度经营风险管理、年度经营计划动态管理等。

（1）企业年度经营决策组织。企业在年度经营的过程中，可能会存在经营环境变化、目标调整、流程优化、组织调整、目标达成跟踪与评价、突发事件处理等情况，因此，建立必要的经营决策组织可以有效帮助企业进行年度经营管理、提升经营效率和质量。

常见的经营决策组织有三个，分别为年度经营委员会、薪酬与绩效委员会、总经理办公会。

（2）年度经营报表体系。经营报表可以及时记录企业经营过程中发生的所有数据，并进行全面分析，确保企业经营有效、决策有序。

通常情况，我们将企业经营者需要关注的报表分为三类：财务分析报表、业务分析报表、人力效能分析报表。

（3）年度经营会议体系。年度经营会议体系贯穿了年度经营目标规划、分解、达成跟踪及评价的全过程，因此，合理规划年度经营会议体系将为企业提高经营能力起到重要的作用。

根据我们的经验，我们将企业年度经营会议包括年度经营环境分析会议、年度经营策略规划会议、年度经营目标分解会议、年度业务计划评审会议、年度经营预算评审会议、月度经营检讨会议、半年度经营检讨、新产品研发协调会、销售计划协调会、生产计划协调会等。

（4）年度经营风险管理。企业经营风险管理是指企业以合理的风险成本投入，通过对风险的确认、选择和控制，达到最大的经营安全度。企业在年度经营的过程中，始终会处于一个动态的经营环境当中，因此企业会面临各种各样的经营风险。

这些经营风险有来自企业内部的，如人力资源风险、技术风险、财务风险、管理风险、法律风险、持续经营风险，也有来自企业外部，如自然灾害、经济环境变化、政治环境变化、市场波动、文化环境变革等。

（5）年度经营计划动态管理。为了保证年度经营计划始终在正确的路上，就需要企业建立年度经营计划动态管理机制。根据我们的实践，我们把年度经营计划动态管理机制分为两种：$N/(4-N)$、$N/(12-N)$。

①$N/(4-N)$是指企业在每个季度进行经营检讨的时候，需要对未来几个季度的经营策略、目标及计划进行调整和优化。假设分子N为1（1代表第一季度），那么分母就为3（代表未来3个季度），也就是说企业在进行第一季度经营检讨的时候，需要对未来3个季度的策略、目标、计划进行修正和优化。

②$N/(12-N)$是指企业在每个月进行经营检讨的时候，需要对未来几个月的经营策略、目标及计划进行调整和优化。假设分子N为3（3代表第3个月），那么分母就为9（代表未来9个月），也就是说企业在进行第3个月经营检讨的时候，需要对未来9个月的策略、目标、计划进行修正和优化。

与企业发展战略制订与实施相似，A级选手在企业年度经营计划制订与管理的过程中更是如此。根据我们多年的实践，首先A级选手必须全程参与企业年度经营计划制订，在贡献各自智慧的同时，也确保每一位A级选手都能充分理解企业年度经营计划制订的来龙去脉，另外，在年度经营计划实施过程中A级选手还必须扮演好领头羊的作用，带领和影响身边的人全力以赴帮助企业年度经营目标顺利实现。

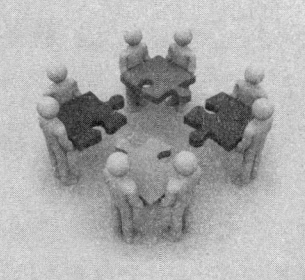

第四章 做好计划执行

企业发展战略和年度经营计划已经明确了企业的发展方向及经营目标，作为A级选手，清楚企业的目标是什么还不够，还需要知道团队的目标、自己的目标以及如何才能将目标转化为切实可行的实施计划，确保企业经营策略落地，目标圆满达成！

一、做好经营目标分解

在帮助 A 级选手确定自己的目标之前，我们先来看看企业目标是如何分解的？

企业战略和年度经营计划确定了企业经营目标之后，为了确保目标顺利达成，我们需要对目标进行分解，通常情况下目标分解有三个维度：时间维度（从长期目标分解到短期目标）、责任主体维度（从企业目标分解到个体目标）、目标类型维度（从财务目标分解到职能目标）。

1. 从长期目标分解到短期目标

按时间的长短跨度区分，目标通常可以分为三类：长期目标、中期目标和短期目标，目标设定的原则是长期目标足够大，中期目标有挑战，短期目标可实现（图4-1）。

（1）长期目标，是指期望在 5～10 年或更长的时间内达到的一些目标，长期目标通常是由企业的愿景决定的。

（2）中期目标，是指期望在 3～5 年内达到的一些目标，中期目标通常是由企业发展战略决定的。

（3）短期目标，是指期望在 1 年内达到的目标，短期目标通常全面又具体，短期目标通常是由企业年度经营计划决定的。

本书此处所讲的经营目标分解是指对于企业短期目标还需要按季、按月甚至按周、按天进行分解。

2. 从企业目标分解到个体目标

企业经营目标分解的另一个维度就是要将既定的企业目标分解到不同部门（团队）、不同个体，确保企业目标、部门目标（团队目标）及员工个体目标的一致性。如图 4-2、图 4-3 所示，从企业目标分解到个体目标的核心目的就是让中间重叠部分的面积最大化。

3. 从财务目标分解到职能目标

企业目标通常以财务目标为主，如销售收入、净利润、资产收益率、EVA、资产增值保值、资产负债率等，这些财务目标的实现直接与产品研发、市场营销、生产制造、原材料采购等业务目标直接相关，而业务目标则又需要财务管理、流程效率、人力资源、管理支持等一系列职能目标作为支撑（图4-4）。

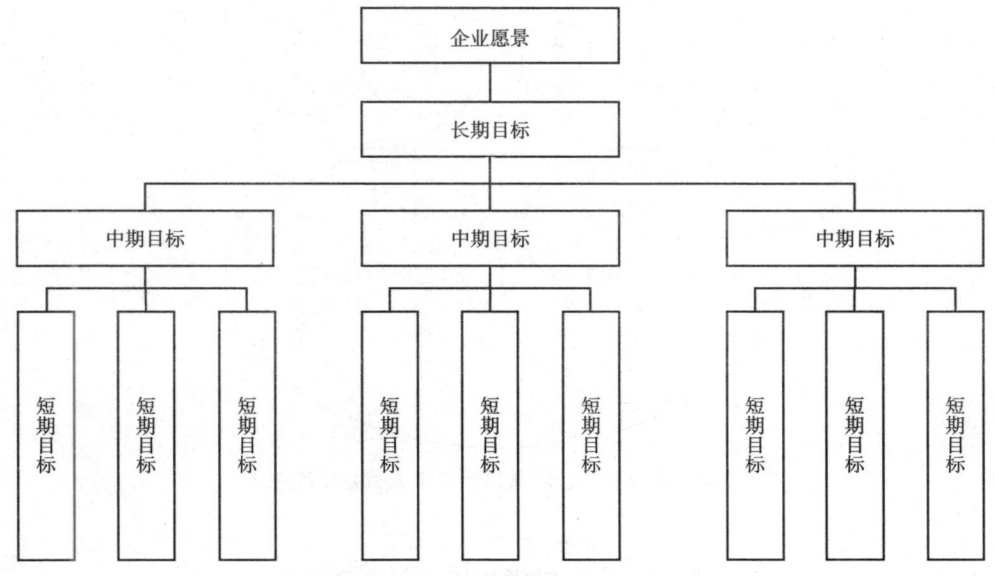

图4-1　长期目标、中期目标与短期目标（示意）

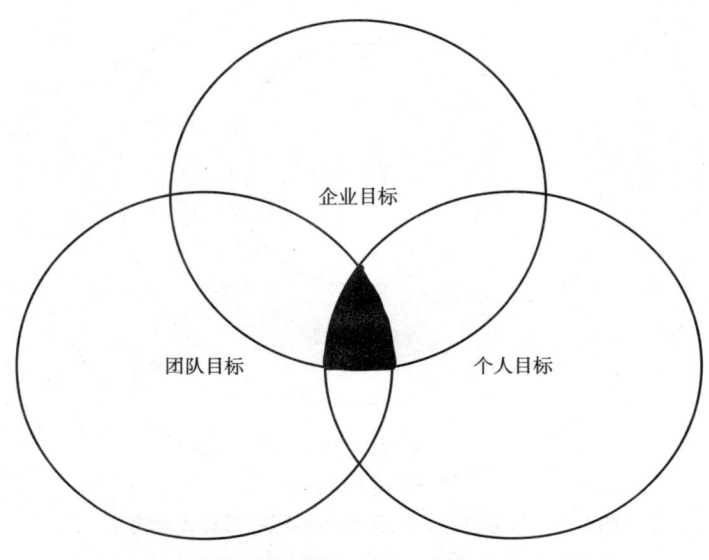

图4-2　企业目标、团队目标与个人目标（示意）

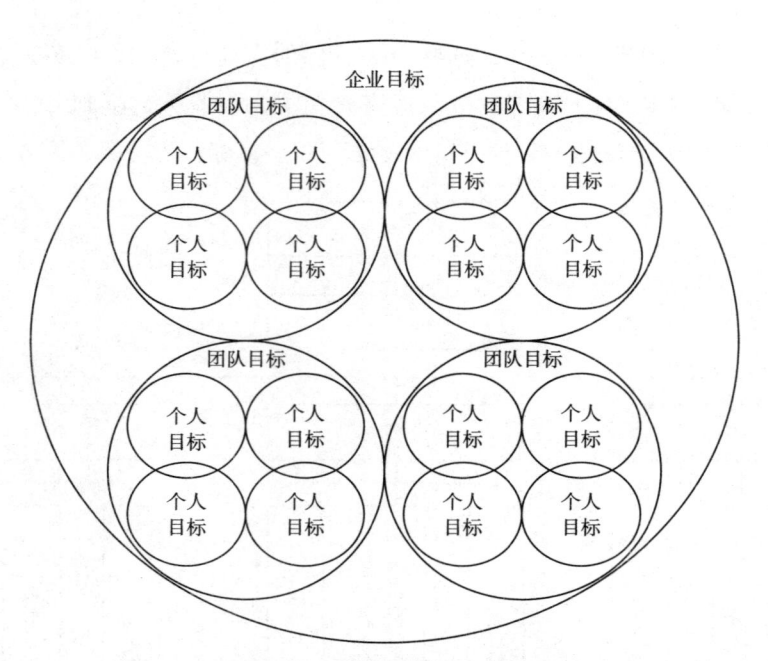

图4-3 企业目标、团队目标与个人目标（理想）

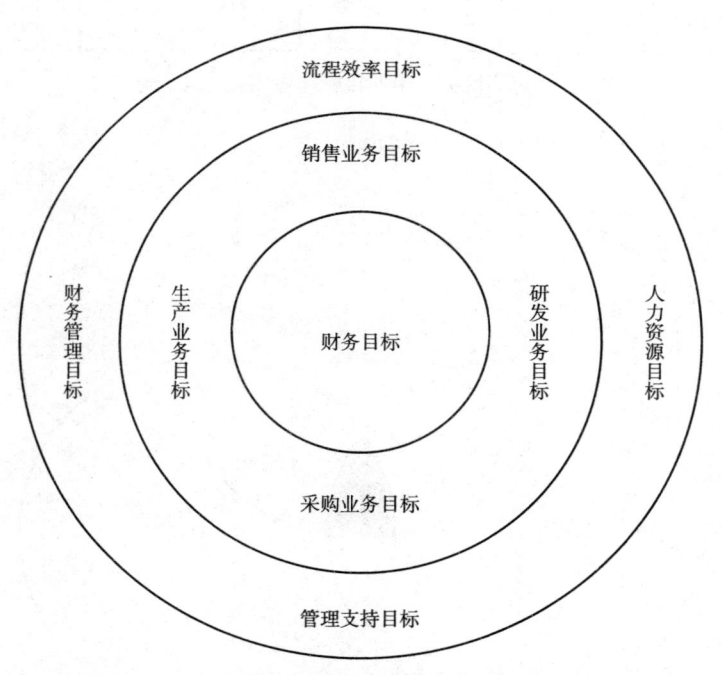

图4-4 财务目标、业务目标与职能目标（示意）

不知道大家发现没有，长期目标、企业目标、财务目标与企业或者团队的关系更大，而短期目标、个人目标、业务目标与职能目标与员工个人的关系更密切，A级选手必须清楚企业及团队目标的同时，更加重要的是还需要清晰自己的目标。

二、签订目标责任书

目标分解完成后，为了让每个目标责任主体都清楚自己的目标，企业需要与每个责任主体签订目标责任书，同时对每个责任主体评价也需要以目标责任书为准。另外，每个责任主体的收益也要与目标责任书中的相关目标达成状况挂钩。当然，A级选手也需要对照自己的目标责任书，用"120分"的标准达成每项目标要求。

一般来讲目标责任书由四部分构成，即目标责任主体及目标责任书周期、关键业绩指标、关键经营事项、激励方案。

（1）目标责任主体及目标责任书周期。不同目标的责任主体及责任书周期是不同的，见表4-1。

表4-1　不同目标责任主体及责任书周期规划

目标类型		责任主体	责任书周期
按目标周期	长期目标	经营委员会	5年
	中期目标	高管	3～5年
	短期目标	部门	1年
按目标大小	企业目标	高管	1～3年
	团队目标	部门	1年
	个体目标	员工	1年
按目标性质	财务目标	高管、部门	1～3年
	业务目标	业务部门	1年
	职能目标	职能部门	1年

（2）关键业绩指标。关键业绩指标根据公司年度战略地图及平衡计分卡识别就可以了，在这里需要说明的是每项关键业绩指标可能只有一个责任担当主体，也可能有多个责任担当主体。

（3）关键经营事项。关键事项根据经营策略分解表进行识别，一般情况下每项经营策略只能有一个责任担当主体。

（4）激励方案。激励方案需要在年度经营计划实施平台环节进行设计，但为了让责任担当主体明确自己的利益，说得通俗一点就是让每个责任担当主体清楚一旦目标达成或者年度关键事项达成后对自己有哪些好处，企业在目标责任书中有必要对激励方案进行说明。

三、编制行动计划

目标确定后，A级选手首当其冲要扮演好行动计划的执行者，要带头在团队中将实现目标所必须的每项计划都做到"120分"的标准。

1. 计划编制原则

在编制行动计划的时候，为了确保计划的科学性，A级选手一定要学会并遵守SMART原则（图4-5）。

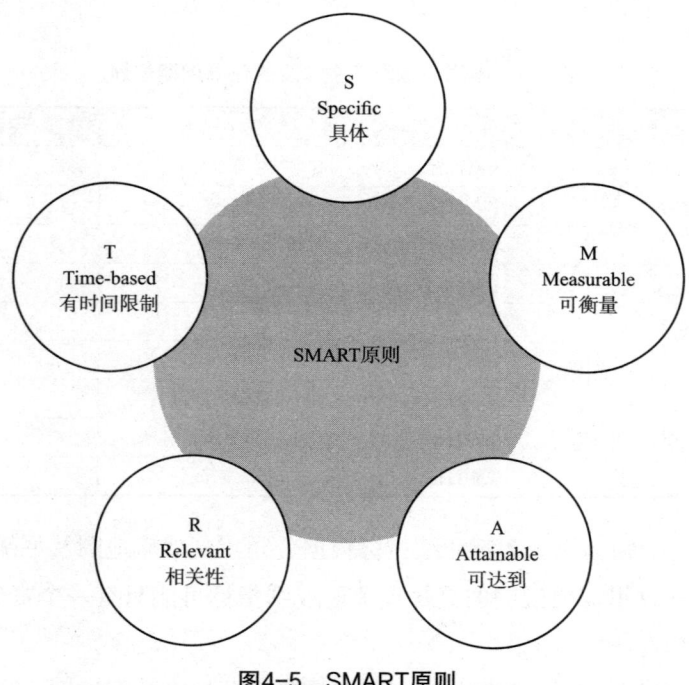

图4-5 SMART原则

（1）S（Specific）：具体，就是要用具体的语言清楚地说明要达成的行为标准，明确的目标几乎是所有成功团队的一致特点，很多团队不成功的重要原因之一就是因为目标定得模棱两可，或没有将目标有效地传达给相关成员，一个团队如此，一名A级选手也是如此。

（2）M（Measurable）：可衡量，就是指目标应该是明确的，而不是模糊的，应该有一组明确的数据，作为衡量是否达成目标的依据。

（3）A（Attainable）：可以达到，计划是要可以让执行人实现、达到的，如果上司利用一些行政手段，利用权利性的影响力一厢情愿地把自己所制订的计划强压给下属，下属典型的反映是一种心理和行为上的抗拒：我可以接受，但能否完成这个计划，有没有最终的把握，这个可不好说。一旦有一天这个计划真完成不了的时候，下属有一百个理由可以推卸责任：你看我早就说了，这个计划肯定完成不了，但你坚持要压给我。同样，A级选手在编制行动计划的时候也需要充分考虑资源的充分性、时间的宽裕度以及自身能力状况，因为计划一旦确定就必须全力以赴地完成。

（4）R（Relevant）：相关性，是指实现此计划与其他计划的关联情况。如果实现了这个计划，但对其他的计划完全不相关，或者相关度很低，那这个计划即使被达到了，意义也不是很大。

（5）T（Time-based）：有时间限制，是指计划的实现是有明确的时间限制。

2.计划构成的七要素

一份完整的问题解决计划必须由七个部分构成，分别为目标、策略、行动计划、完成时间、责任人、完成标志、资源预计等（图4-6、表4-3）。

（1）目标。目标责任书已经明确了各个责任主体的目标，这些目标可能是量化的，也有可能是非量化的，但不论怎样，明确目标才能切中要害。

（2）策略。策略是保证目标实现的方向，每项目标可能有一项或多项实施策略，策略是目标能够实现的关键，策略的选择需要把握80/20原则。

（3）行动计划。行动计划一定要遵守前面提到的SMART原则，计划项目必须具体、可实施、可以达到、与目标及策略相关。杜绝典型的"模糊"式管理，大家习惯于"也许、大概、差不多……"的管理风格，在日常工作中强调你好、我好、大家好，殊不知，对于企业经营和问题解决而言，无法量化就不能进行有效管理，不能量化的实施计划，只能沦为废纸一堆。

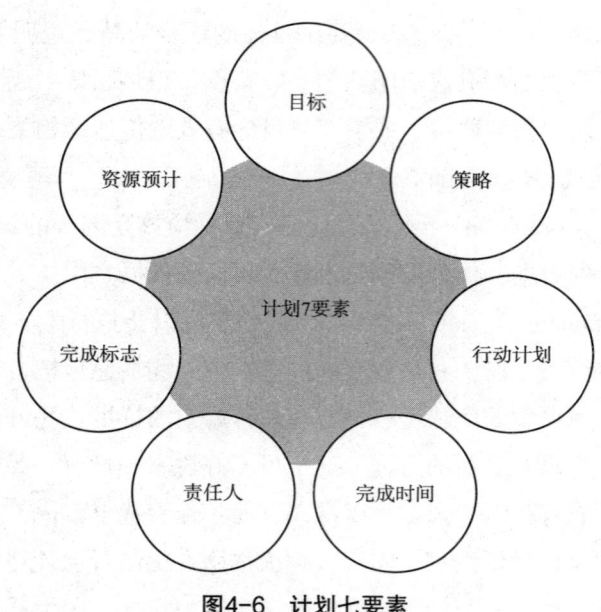

图4-6　计划七要素

（计划7要素：目标、策略、行动计划、完成时间、责任人、完成标志、资源预计）

（4）完成时间。在确定某项工作完成时间的时候，企业的习惯往往是只约定一个完成工作的时间点，但往往造成大家对这个时间点理解上的差异，有人会理解为开始时间，而有人会理解为结束时间，有人理解为最早结束时间，而有人会理解为最迟结束时间，由于对时间理解的差异最终导致计划很难在既定或期望的时间节点完成。关于时间的约定其实不仅仅只有一个节点，而是有四个节点，分别为最早开始时间、最迟开始时间、最早结束时间、最迟结束时间。由于很多计划项目之间会存在前后承接关系，有些计划项目必须是在前项计划项目结束后才能开始，所以在确定完成时间的时候必须综合考虑。

为了让读者朋友更加清楚地理解计划完成时间，下面我们用一个具体的案例加以说明。

如图4-7所示，我们可以看到该项目共有A计划、B计划、C计划、D计划、E计划、F计划、G计划、H计划、I计划、J计划、K计划共11项计划项目，其中A计划、B计划、C计划三项工作可以同时开始，D计划、G计划一定是在C计划完成之后才能正式开始，K计划开始的前提是G计划、J计划必须完成，E计划必须是在A计划完成后才能开始，E计划、I计划又是H计划开始的前提……因此，合理安排每项工作的开始及结束时间才能保证整体计划顺利推进。

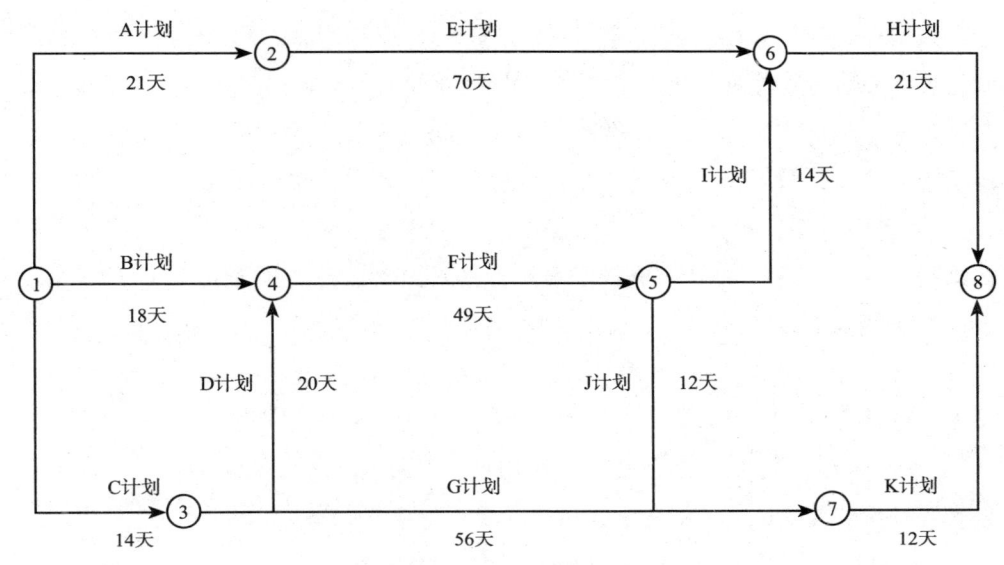

图4-7　计划时间规划

为了大家更清楚每项计划开始时间、结束时间，我们对每个计划项目耗时也进行了标注，如完成 A 计划需要 21 天，完成 B 计划需要 18 天，完成 C 计划需要 14 天……下面我们一起来分析一下每项计划的最早开始时间、最早结束时间、最迟开始时间、最迟结束时间（表4-2）。

表4-2　不同计划项目开始时间、结束时间规划

计划项目	紧前计划	时长	最早开始时间	最早结束时间	最迟开始时间	最迟结束时间
A计划	—	21天	0	21	6	27
B计划	—	18天	0	18	16	34
C计划	—	14天	0	14	0	14
D计划	C计划	20天	14	34	14	34
E计划	A计划	70天	21	91	27	97
F计划	B计划、D计划	49天	34	83	34	83
G计划	C计划	56天	14	70	50	106
H计划	E计划、I计划	21天	97	118	97	118
I计划	F计划	14天	83	97	83	97
J计划	F计划	12天	83	95	94	106
K计划	G计划、J计划	12天	95	107	106	118

根据表4-2分析可以看出，该企业在安排每项子计划的开始时间、结束时间的过程中必须通过严密分析，假设A计划一开始就启动，然后马上启动E计划，两项计划加起来共耗时91天，但这时候H计划是无法启动的，因为H计划前面还需要完成I计划（14天）、F计划（49天）、D计划（20天）、C计划（14天）共计97天的时间，那么就只能等到97天之后才能启动H计划，为了让企业的资源充分利用，其实A计划就没必要一开始就启动，等C计划启动6天之后再启动A计划就可以了。

另外，根据表4-2的分析，我们还可以看到，在该项目整个计划安排过程中，C计划（14天）——D计划（20天）——F计划（49天）——I计划（14天）——H计划（21天）是整个计划的关键路线，总共耗时118天，其他所有计划都可以围绕这条关键路线并行合理规划与实施。

（5）责任人。计划责任人指在规定范围内，具体负责实施某项计划的人，该人既有管理权力，同时又要承担责任。根据我们的经验，关于工作计划责任人的指定需要注意以下几点：

①每项计划只指定一个责任人，如果出现两个或多个人负责的计划项目，最好的做法是将计划项目再分解，直至达到每项计划只有一个负责人为止。

②不要用部门名称、岗位名称代替责任人。很多企业在责任人指定方面总喜欢用××部、××岗位，其实这种表达方式并没有明确责任，因为××部会有经理、主管、专员，××岗位可能会有张三、李四或者王五，那么究竟谁去执行呢？

③在公司内部形成计划负责人制度。在公司内部宣导和逐渐培养计划负责人制度，明确计划负责人权限、责任和利益，在这方面企业可以将计划实施过程和结果统一纳入目标绩效管理体系，让负责人真正能够负起责任；也可以将计划执行与企业内部的积分制度结合起来。

④责任人一定要本着"谁的猴子谁背着"的原则，千万不要让本该是别人的猴子跳到自己的背上，同时也不能把自己背上的猴子放到别人背上。

（6）完成标志。计划完成标志有时候也称为里程碑，其实完成标志与里程碑之间是存在差异的。大家都知道里程碑原意是设置于公路整公里桩号处，用以计算里程和标志地点位置，在管理上我们经常也拿里程碑来标识一项工作进展的关键节点，而完成标志必须是一个问题解决完成之后的最终结果。

关于完成标志或者里程碑的设置也需要注意以下几点：

①一项计划可以设一个里程碑，也可以设多个里程碑，但完成标志只有一个。

②里程碑控制过程，完成标志衡量结果。

③里程碑可能是过程文件，也可能是时间节点，还可能是过程工作成果，而完成标志一定是计划项目最终达成的结果，可能是量化的目标，也可能是看得见、摸得着的工作成果。

（7）资源预计。完成一项工作计划项目，很多时候单靠责任人个人的力量是不能完成的，这时候就需要其他的资源，这些资源包括人、财、物、信息等。资源预计是工作计划当中很关键的一个环节，我们常说：巧妇难为无米之炊，一个人再厉害，缺乏资源的投入与支持，很多时候也只能望洋兴叹！

表4-3 行动计划（模板）

目标	策略	行动计划	时间安排				责任人	完成标志/里程碑	资源预计
			最早开始时间	最早结束时间	最迟开始时间	最迟结束时间			

备注：如果整个计划项目不存在严密的先后关系的话，时间安排可以调整为开始时间、结束时间两项。

3. 做好计划执行监督及评价

计划编制完成后，还需要建立完善的计划监督及评价体系，因为计划在执行的过程中难免会碰到目标变化、策略调整、计划项目调整、计划责任人变动、计划时间调整等异常情况，这时候就需要对原计划进行及时调整，以确保计划的可执行性。

另外，即便是计划本身不存在任何问题，计划在执行的过程中也会存在计划执行效果评价的问题，就如前文提到的 A 级选手会达到 120 分的标准，而 B 级选手则很可能只做到了 80 分的标准，C 级选手可能只做到了 60 分的标准，这就需要建立完善的评价体系，并将评价结果与企业目标绩效管理体系挂钩、与员工任职资格挂钩、与员工激励体系挂钩、与末位淘汰机制挂钩，用事实说话。

第五章 善于流程优化

战略决定流程，流程决定组织，可见流程对企业战略实现的重要性。另外，我们通常也讲流程管事、制度管人，当企业的发展方向及目标确定后，理应由流程去规范员工做事的方法。在这个过程中，A级选手不仅仅只是流程的拥护者和执行者，更重要的是A级选手还必须将自己的经验总结出来，共同推动流程建设与优化，让全体员工用最优的流程推动企业目标顺利实现。

一、什么是流程

在了解流程优化之前，A级选手有必要先了解一下什么是流程。不同的人对流程的理解不同，对流程的定义也是不同的，下面我们从流程基本概念、流程构成要素、流程类型、流程层级对其进行详细说明。

1. 什么是流程

在本人的拙作《业务流程再造》中，我将流程定义为：所谓流程，就是指一系列的、连续的、有规律的活动，而这些活动以特定的方式进行，并导致特定结果的产生。

在对流程定义的理解过程中，我们要注意：

流程是"一系列的、连续的、有规律的活动"：正因为这样，这些"活动"是有先后顺序或并列关系的，同时这种先后或并列关系是连续和有规律的。

流程是"以特定的方式进行"：在流程运作的过程中，不同公司、不同发展阶段其"活动"之间的运作方式是不同的。

流程是"导致特定结果的产生"：流程最终目的在于创造价值，也就是增值，这种增值可能是效率提升、成本降低、销售增加、利润增长、质量提高，也可能是客户满意、员工满意，总之，增值方式与每个流程的目的（绩效目标）有关。

2. 流程构成要素

一个完整的流程必须包含六个核心要素：流程输入、流程供应商、流程过程、流程执行者、流程客户、流程输出（图5-1）。

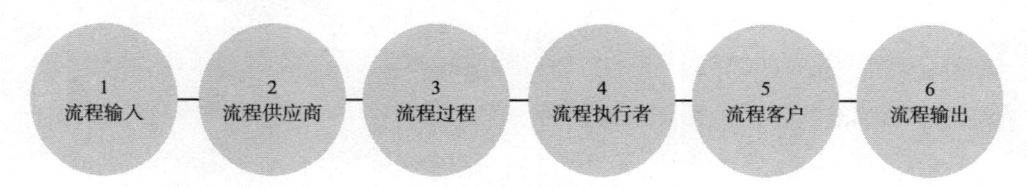

① 1 流程输入 — ② 2 流程供应商 — ③ 3 流程过程 — ④ 4 流程执行者 — ⑤ 5 流程客户 — ⑥ 6 流程输出

图5-1 流程构成要素

（1）流程输入。流程输入就是指流程运作初期所涉及的基本要素。这些要素是流程运作过程中不可或缺的组成部分。一般而言，在流程运作过程中它们将被有效地消耗、利用、转化，并最终对流程输出产生影响。常见的流程输入有资料、物料、客户订单、顾客需求、资源、设备、说明、标准、计划、信息、资金、行政指令、会议纪要、公司战略、经营计划等。

（2）流程供应商。流程供应商就是指为流程活动提供相关物料、信息或其他资源的个体或部门。在日常的流程运作中，供应商可以有一个，也可以有多个。我们在进行流程设计时，一般只需要列出关键供应商即可。供应商作为流程组成的基本要素之一，所提供的物料、信息或资源对流程运作将产生重要影响。

（3）流程过程。流程过程就是指为了满足流程客户需求所必须进行的相关作业活动的集合。这些活动对流程输出来讲，是核心的、关键的、不可缺失的、有增值效果的。从流程优化的思路来讲，过程才能为组织创造价值，因此必须尽量减少一切不必要的非增值环节，提高流程的质量和效率，使流程路径最短、效率最高、价值创造最大。

在一个完整流程的过程中，包含着多项活动，一般而言过程活动是有着严格的前后顺序和逻辑关系的。上一个活动的产出就是下一个活动的输入，这些活动对应着不同的职能部门。因此在进行流程优化时，我们必须明确相关部门在这些流程活动中所要扮演的角色和承担的责任。

同时，根据流程的划分层次不同，过程活动也呈现出层级化的趋势。往往高一级流程中的某一个过程活动，我们可以细化成为一个完整的低一级流程。当然，在进行具体流程设计时，我们还是应该根据流程的具体设计要求和目的，进行适当的过程设计，尽量避免陷入不必要的细化讨论或者过于空泛的宏观设计。

（4）流程执行者。流程执行者就是指具体流程过程活动的实施者，它既包括岗位，也包括部门。在一个流程中，可能只有一个执行者，也可能包括多个执行者。流程执行者的识别，与各个部门在流程中所扮演的角色和流程本身的层级划分有着重要关系。

比如年度财务预算制订流程，就涉及公司财务部（制订具体年度预算方案）、公司领导（审核年度预算方案）、公司下属各业务单位（参与相关预算方案设计），这些部门作为流程的执行者，根据其承担的职责不同，扮演着不同的角色；再如物料采购流程涉及计划部、采购部、仓储部、品质部等多个执行者；供应商开发流程涉及采购部、工程部、品质部、财务部等多个部门等。

跨部门的公司一级流程，它的执行者可能涉及公司所有相关部门，如果我们将流程中的某个环节细化成下一阶流程，它可能就是某个部门的内部运作流程，它的执行者可能仅仅涉及部门内部的相关岗位。因此，对流程执行者的识别也与流程本身的层级划分有着直接关系。

企业进行流程执行者识别的时候，通常会将执行者分为归口部门（岗位）或者流程主人、相关部门（岗位）两种，其中归口部门（岗位）或者流程主人在该流程优化、实施、流程绩效评价、再造过程中扮演总导演的角色，而相关部门（岗位）则是该流程的参与者。

（5）流程客户。流程客户就是流程输出结果的最终消费者。对于企业流程来说，客户既可以是外部市场客户，也可以是内部组织客户。在设计相关流程时，必须首先明确流程的客户是谁，仔细把握客户的最终需求，这样设计出的流程才有意义。而要做到这一点其实有时并不是太容易，需要我们认真甄别和思考，才能得出正确的结论。

在进行流程设计之前，不妨不断提出相关问题，用于识别流程的相关客户和客户需求：

谁来关心该流程的最终输出结果和效果？

该流程会对哪些部门的运作造成影响？

流程设计的最终目的是什么？

流程的内部客户是谁？外部客户是谁？

流程的主要客户是谁？次要客户是谁？

举例说明：年度经营计划管理流程的主要客户是董事会，生产管理流程的主要客户是销售部门，采购管理流程的主要客户是生产部门，财务分析流程的主要客户是公司经营班子及各业务部门的负责人，员工招聘管理流程的客户是用人部门，员工培训流程的客户是参训员工。

（6）流程输出。流程输出就是指流程的最终产出结果。流程输出的可能是有形的产品，也可能是无形的服务，还可能是一份文件，总之不同流程的输出是不同的。流程的输出是否合格，最终需要由流程客户进行判断，看产出是否与客户需求吻合。

在同一个流程中，可能有几种不同的产出，对应着不同的客户需求，这些客户之间的需求可能会存在一定程度上的矛盾或者冲突。设计流程时应以满足该流程的主要客户的关键需求为主，这样设计出的流程才能达到我们所期望的效果。

3. 流程类型

前文在做流程定义的时候我们已经提到，企业内部有些流程是与产品质量、交期、成本、服务等客户直接相关，有些流程与风险控制、品质控制、效率控制、成本控制等管理活动相关，还有一些流程与员工招聘、员工培训、员工激励等业务支持相关。

虽然不同企业业务选择不同、价值链有异，因此内部的流程也存在巨大的差异，但不管怎样，企业内部的流程大致可以分为三类：其一是与企业产供销及客户订单交付直接相关的业务流程；其二是企业为了控制经营风险及运营效率、质量、成本而设置的管理流程；其三是协助企业业务流程更顺畅的辅助流程。

概括来说，业务流程的价值在于打通企业客户需求管理与产品研发、物料供应、生产制造、品牌及市场推广、客户开发、营销订单管理、客户服务等全业务，旨在为企业创造更大的价值；管理流程的作用在于风险控制以及对业务流程运行状况进行监督；而辅助流程的作用则为业务流程提供支持和帮助，进而确保业务流程更加畅顺和高效运营，见图5-2。

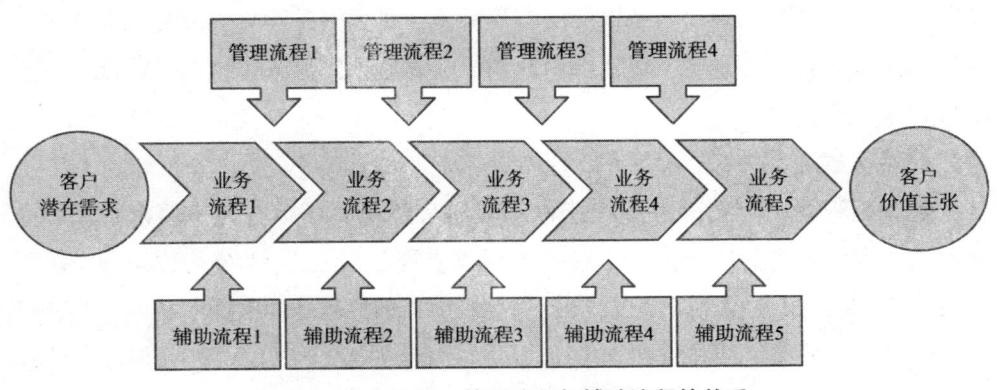

图5-2 业务流程、管理流程与辅助流程的关系

（1）业务流程。业务流程（Business Process，BP），又称订单实现流程，主要是指直接参与企业业务运营的相关流程，涉及企业"研—产—供—销"四个基本环节。通过业务流程，企业可以为客户直接创造价值。

常见的业务流程主要有：市场调研与客户需求分析流程、产品规划流程、新产品定义流程、新产品开发流程、客户开发流程、销售订单管理流程、原材料采购流程、生产制造管理流程、产成品仓储及发货流程、客户服务流程、销售货款管理流程等。

（2）管理流程。管理流程（Management Process，MP），主要是企业实施开展各种管理活动的相关流程，它并不直接为企业经营目标负责，而是通过管理活动对企业业务开展进行监督、控制和协调，间接为企业创造价值。

常见的管理流程主要有：战略管理流程、年度经营计划管理流程、目标绩效管理流程、财务分析管理流程、财务预算编制及控制流程、供应商开发流程、供应商评价流程、合格供应商管理流程、新品上市管理流程、产品生命周期管理流程、采购货款管理流程、原材料品质管理流程、成品品质管控流程、工艺管理流程、研发项目管理流程、客户满意度管理流程、客诉受理流程、销售信用管理流程、组织管理流程、人力资源规划流程等。

（3）辅助流程。辅助流程（Service Process，SP），主要是为企业的管理活动和业务活动提供各种后勤保障服务的流程。这些流程与管理流程一样，并不直接为企业创造价值，而是通过为企业创造良好的服务平台和保障服务，间接实现价值增值。

常见的辅助类流程主要有：员工招聘流程、员工培训流程、营业收入核算流程、产品成本核算流程、销售费用核算流程、车辆服务流程、办公用品管理流程、设备保修流程、土建工程施工管理流程、物业服务流程、档案管理流程、行政后勤服务流程等。

4. 流程层次

企业流程除了类型的差异，流程还有非常严密的层级差异，通常我们将企业内部的流程分为集团级流程（跨业务板块或跨公司流程）、公司级流程（跨部门流程）、部门级流程（跨岗位流程）以及岗位级流程（岗位操作规程）共四级（图5-3），当然非集团企业也可以分为公司级流程（跨部门流程）、部门级流程（跨岗位流程）以及岗位级流程（岗位操作规程）共三级。

但无论如何，流程上下级之间存在严密的逻辑关系，上一级流程中的某个过程环节往往就可以细化成下一级完整流程，而且流程越细化，流程颗粒度就会越小，可操作性也就越强。

（1）集团级流程。集团级流程（Group Level Process，GP），又称跨业务板块或跨公司流程，这类流程在集团化运作的企业比较常见，但凡涉及集团内部业务板块之间、下属公司之间存在业务或管理关系就一定会存在集团级业务流程。

第五章 善于流程优化

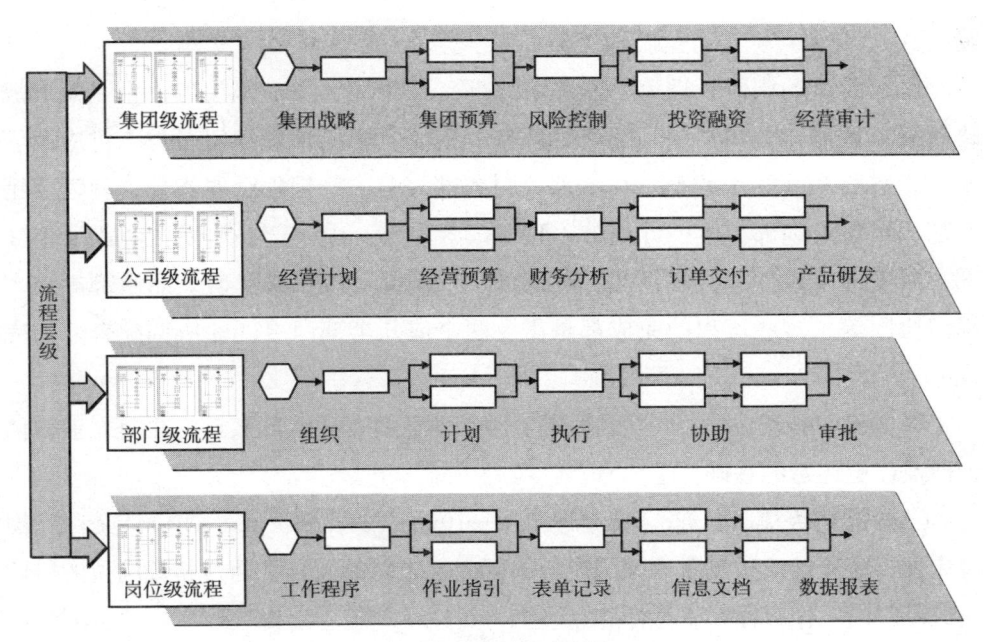

```
流程层级
  ├─ 集团级流程: 集团战略 → 集团预算 → 风险控制 → 投资融资 → 经营审计
  ├─ 公司级流程: 经营计划 → 经营预算 → 财务分析 → 订单交付 → 产品研发
  ├─ 部门级流程: 组织 → 计划 → 执行 → 协助 → 审批
  └─ 岗位级流程: 工作程序 → 作业指引 → 表单记录 → 信息文档 → 数据报表
```

图5-3　流程层次划分

比如大型地产企业，集团内部有建筑规划设计院、基础处理公司、建筑施工公司、房产策划与销售公司、物业服务公司、商业运营公司，这些公司之间就存在跨业务板块的流程。

另外，集团总部为了控制各分子公司、业务板块稳健、可持续经营，还需要从发展战略、经营预算、风险控制、投资与融资、经营审计、经营合同、印章及用印管理等多个维度对其进行管控，这就是我们通常所说的集团管控流程。比如集团财务中心与分子公司财务之间就存在财务管控流程，同样集团人力资源中心与分子公司人力资源部之间也存在人力资源管控流程。

常见的集团级流程有集团发展战略管理流程、集团年度经营计划制订与管理流程、集团经营预算编制及控制流程、集团投资管理流程、集团融资管理流程、集团经济合同管理流程、集团风险控制流程、集团审计管理流程、集团印章及用印管理流程、分子公司高管绩效评价流程、分子公司高管离任审计流程等。

（2）公司级流程。公司级流程（Company Level Process，CP），又称跨部门流程，跨部门流程往往是对公司整体经营运作具有重要影响的、相对比较宏观的重要流程，这些流程需要经常进行跨部门的协调运作才能最终完成流程的相关输出。

比如，市场调研管理流程需要市场部、销售部、技术部参与；企业发展战略管理流程需要公司高层、战略管理部、企业各职能管理部门参与；供应商管理流程需要 SQE、采购部、技术部、财务部等参与；销售合同管理流程需要销售部、销售管理部、生产计划部、财务部等参与；电子产品研发流程需要市场部、研发部、软件部、硬件部、测试部、采购部、工程部、研发品质部等多个部门协同等，这些流程的完成都是需要两个或几个部门之间的协调配合才能完成的。

根据我们的经验，公司级流程是企业流程管理的重点和关键，也是企业价值创造及稳健运营的基础。

（3）部门级流程。部门级流程（Departmen Level Process，DP），又称跨岗位流程，跨岗位流程侧重于部门内部不同岗位之间的配合，通过相关岗位的协调完成部门的工作目标和工作任务。

比如：会计核算流程需要财务部门销售会计、成本会计、税务会计、出纳、总账会计等多个岗位的参与；招聘实施流程需要人力资源部门招聘专员、招聘经理、人力资源经理等多个岗位的参与；物料采购执行流程需要采购专员、采购主管、采购总监等多个岗位协同才能完成。

（4）岗位级流程。岗位级流程（Position Level Process，PP），又称岗位操作指南，岗位级流程就是指本岗位的具体作业程序和作业规范，比如，机械工厂里装配工的工序工艺操作卡就是一个例子，另外岗位操作规范、岗位作业指导书都是岗位级流程的典范。

二、第五代流程管理

流程对于绝大多数中国企业而言，早已成为企业规范化管理的必要条件，从 20 世纪 90 年代初导入 ISO 9000 体系中提出的程序文件开始，中国企业导入流程管理也差不多经历了近 30 年的时间了，在这 30 年的摸索与实践中，流程在企业经营过程中起到的作用越来越明显。

根据多年的实践，我们将企业流程管理划分为五个阶段，分别为流程显性化、流程规范化、流程体系化、流程智能化、流程互联网化（图5-4）。

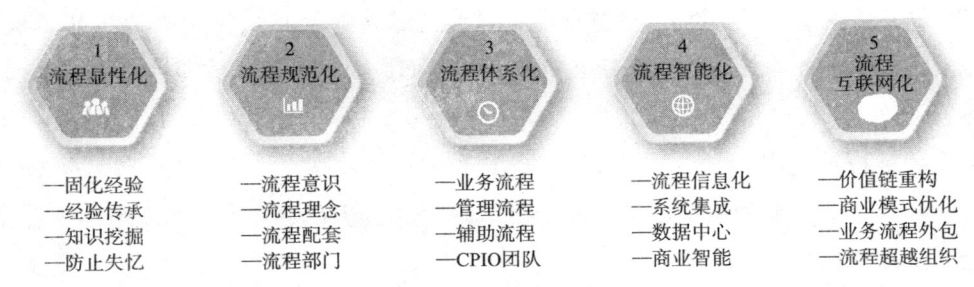

1 流程显性化	2 流程规范化	3 流程体系化	4 流程智能化	5 流程互联网化
—固化经验 —经验传承 —知识挖掘 —防止失忆	—流程意识 —流程理念 —流程配套 —流程部门	—业务流程 —管理流程 —辅助流程 —CPIO团队	—流程信息化 —系统集成 —数据中心 —商业智能	—价值链重构 —商业模式优化 —业务流程外包 —流程超越组织

图5-4 流程发展阶段

1. 流程显性化

流程显性化是所有企业进行流程梳理时最朴素的诉求，因为企业的流程无处不在。菲利普·科比说："哪里有信息或物质交换，哪里就有流程。"也就是说企业内部只要存在物流、信息流、资金流交换的地方，就有相应的流程，可见流程在企业内部的重要性不言自明。

根据流程管理专家菲利普·科比的观点，企业内部的流程不外乎以下四种类型：

（1）物流流程，即从采购物料、生产产品、仓储与物流最终交付客户产品相关的流程。如物料采购流程、产品制程管理流程、仓储管理流程、物流管理成本等。

（2）交易流程，即销售订单开发、评审、签订、收款及尾款管理相关的流程。如销售合同评审流程、销售开单流程、销售货款管理流程、采购货款管理流程。

（3）关系流程，即企业与供应商、终端客户、代理商、渠道商、加工厂等相关利益相关者之间关系处理的流程。如供应商开发与合格供应商管理流程、渠道开发流程、客户关系管理流程、OEM工厂开发与评价流程、客户满意度管理流程等。

（4）知识转移型流程，即针对问题核准答案，类似将想法转变为实际应用，如新产品或者服务开发、项目交付、员工培训等相关流程。

不论是以上哪种类型的流程，都与企业经营密切相关，企业进行流程管理的初期就需要将这些藏匿于老员工大脑、抑或个人电脑当中的隐性流程显性化，让所有员工都能看得见、摸得着，这样既利于员工学习与技能提升，也利于经验积累与流程传承。

我们发现，绝大多数企业进行流程显性化是伴随着 ISO 9000 体系中质量程序文件开始的，早期更多地停留在管理流程方面，对业务流程的显性化做得远远不够。

2. 流程规范化

随着企业对流程认识逐步加深，越来越多的企业开始着手流程规范化建设，这个阶段的几个典型特征是：

（1）以流程客户为导向、以流程结果为衡量的流程观念逐步形成。

（2）大多数管理者都已经掌握了流程描述以及优化相关的方法、工具。

（3）流程管理成为独立运作的一级部门，赋予其流程优化与再造、流程信息化建设相关职能。

（4）与流程相配套的制度、表单、绩效指标、分权体系等逐步完善，各级管理者适应了直面流程，针对流程找问题的管理方法。

（5）业务流程、管理流程、辅助流程的概念已经明确，而且员工也都明白它们之间的差异，但业务流程为核心的体系还没有完全建立起来。

3. 流程体系化

这个阶段的核心目标就是要根据公司发展战略及经营需要逐步实现流程的体系化，并突出业务流程在组织当中的价值，适度降低管理流程对业务的控制与制约，一切以终端客户价值主张的最大化满足为导向，有效识别企业风险控制点，全面实现流程体系化，同时着手信息系统集成及商业智能体系建设。

流程体系化阶段企业需要完成以下几项核心工作：

（1）企业价值链规划、业务蓝图分析、核心业务逻辑关系图规划以及核心业务流程、管理流程、辅助流程识别。

（2）形成以价值链为核心的业务流程白皮书，以及以部门为单位的管理流程、辅助流程红皮书。

（3）与流程相关的制度、表单、职权与分权、流程风险控制及相应控制措施、流程绩效、信息化、知识管理基本健全。

（4）企业内部有一批既懂流程，又懂信息系统，还懂业务的 CPIO，CPIO 是 Chief Process Innovation Officer 的简称，CPIO 的工作职责覆盖首席流程官

（Chief Process Officer，CPO）、首席信息官（Chief Information Officer，CIO）、首席运营官（Chief Operating Officer，COO）的范畴，优秀的 CPIO 是企业经营系统升级及流程再造的主要推动者和责任承担者。CPIO 的概念是由深圳 CPIO 协会首次提出，并倡导实施。

（5）企业通过管理流程、辅助流程的持续优化与再造实现效率最大化，同时通过业务流程持续优化与再造实现业绩倍增。

4. 流程智能化

这个阶段是企业流程管理的最高境界，无论是员工的流程意识、流程对战略的支撑，还是流程中心型组织运作都已经达到了很高的境界。流程会根据企业发展战略调整、商业模式创新以及客户诉求变化进行自我优化，同时，流程已经渗透到企业经营的各个领域，流程信息化也可以对经营过程进行实时跟踪、衡量与评价，实现企业经营过程可控制、经营结果可视化。

这个阶段企业需要完成以下几项核心工作：

（1）以开放、包容、协同、客户导向、价值创造为核心的流程文化深入人心，同时渗透到企业业务运营的各个环节。

（2）利用成熟软件系统或根据企业实际自行开发软件系统来固化流程。

（3）流程支撑企业战略转型及经营业绩倍增。

（4）流程完全具备自我优化与再造的能力。

（5）通过信息系统集成和商业智能系统开发，实现企业经营过程可控制、经营结果可视化。

5. 流程互联网化

严格来讲流程互联网化不是流程管理的更高境界，只不过随着实体企业与互联网经济的高度融合，实体企业互联网化已经成为不可逆的大趋势。因此企业内部的流程也要顺应互联网无边界、失控、去中心化的特征，对内部业务流程、管理流程、辅助流程进行全面改造与升级。

根据我们的经验，企业流程互联网化需要完成以下几项工作：

（1）以互联网视野重新定义企业价值链。过去的企业价值链往往是产品研发到生产组织，再到市场营销，是典型的产品推动型或者订单拉动型，在这个过程中很难保证内部价值链的每个环节都能站在客户的立场上去思考客户价值主张的最大化满足，因此，企业必须利用互联网视野重构内部价值链，建立科学合理的价值环模型。

（2）将企业内部的流程利用互联网延伸到流程相关者的每个触角，包括经销商、终端客户、供应商、外委加工厂等。应该这么说，客户在哪里，企业的流程边界就在哪里；同理，供应商在哪里，企业的流程边界也就在哪里。比如企业可以让终端客户登录企业 CRM 系统，实现线上下单、跟踪订单执行情况等；企业还可以打通 SCM 系统，让供应商在第一时间获得采购订单信息，或者让供应商根据企业实时库存状况进行备料及发货等。

（3）利用互联网进行业务流程外包，持续简化企业内部价值创造模型，对低价值或企业不具备条件的流程进行外包，让专业的人做专业的事情。如营销流程外包、研发流程外包、供应链流程外包、财务流程外包或人力资源流程外包等。

（4）利用云技术、大数据、传感技术、通信技术、计算机技术等新科技进行产品迭代与升级、产品及服务交付模式创新、颠覆式成本降低等，进而提升企业竞争力。

三、流程规划

前面提到从流程类型角度有业务流程、管理流程、辅助流程，从流程层次角度又可以分为集团级流程、公司级流程、部门级流程、岗位级流程，那么一家企业究竟有多少流程，有多少业务流程，有多少管理流程，有多少辅助流程，有多少集团级流程，有多少公司级流程，有多少部门级流程，有多少岗位级流程，这就需要 A 级选手系统了解和掌握流程规划方法和工具。

1. 价值链分析

价值链理论是由美国管理学教授迈克尔·波特提出的，他把企业的所有活动分为两大类：基本活动（价值创造活动）与支持活动（支持价值创造活动）。迈克尔·波特认为，企业参与的价值活动中，并不是每个环节都创造价值，实际上只有某些特定的价值活动才真正创造价值，这些真正创造价值的经营活动就是价值链上的"战略环节"。企业要保持的竞争优势，实际上就是在价值链某些特定战略环节上获得优势。借用迈克尔·波特的价值链理论，我们认为企业必须对真正创造价值的活动进行规划及分析，并在此基础上详细规划出企业的核心业务流程。

在价值链模型中（图5-5），企业通过基本活动实现价值创造，通过支持活动支持价值创造，当然也并不是所有企业的基本活动和支持活动都是固定的，不同企业的价值创造模式是不同的，其基本活动和支持活动项目可能会存在较大差异。

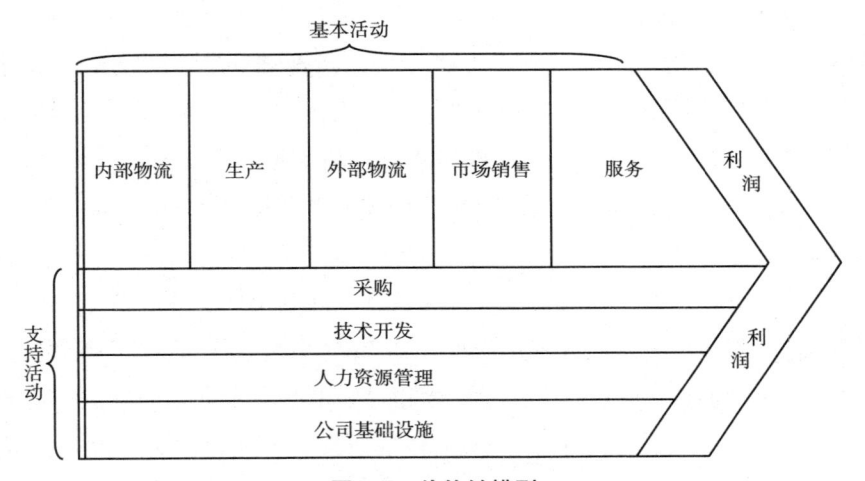

图5-5　价值链模型

比如对于一家房地产开发企业而言，其价值链模型中基本活动会有土地获取、产品规划、报批报建、房产销售，支持活动会有工程建设招标、人力资源管理、财务管理、融资管理等；再如一家建设施工企业的基本活动有投标管理、施工管理，支持活动会有安全管理、文明施工、工程质量管理、生产计划管理等。

企业进行流程规划的第一步就是要对内部价值链进行规划。

2. 业务蓝图规划

价值链分析完成之后，企业还需要结合价值链包含的基本活动、支持活动系统规划业务蓝图。业务蓝图一方面可以帮助企业全视野看清现有业务布局现状，另一方面还可以帮助企业进行有效的业务逻辑分析，找出现有业务中存在的问题，以便识别哪些业务活动对客户价值主张满足是有利的、哪些业务活动是没有价值的。

如图 5-6 所示，业务蓝图通常由四部分构成：

（1）企业发展战略及经营计划。这部分内容是为企业指明发展方向，优化商业模式，明确经营目标，并建立完善的目标实现计划体系。

（2）企业运营衡量。这部分内容从三个维度进行企业运营状况衡量，即运营健康度指标、运营过程指标及运营结果指标。不同企业的运营衡量指标会存在差异，但健康度指标、过程指标和结果指标这三个大类都是雷同的。其中，运营健康度指标衡量企业是否具有长期、稳健经营的能力，如员工满意度、客户满意度、管理成熟度、人均产值、人均利润、投资回报周期等；运营过程指标用来衡量企业经营过程的状况，是确保企业经营结果指标顺利达成的基础，如订单交付周期、生产计划达成率、产品不良率、存货周转次数、库存周期、回款及时率等；运营结果指标是阶段性经营成果的体现，是企业全体员工共同努力的结果，也是用来衡量结果是否达到投资方诉求，如总资产回报率、利润、收入、股东价值、企业市值等。

（3）企业核心业务。与价值链模型中的基本活动类似，业务蓝图中的这部分内容需要详细列出企业从挖掘客户需求，到产品研发、获取订单、订单交付、客户服务等价值创造全过程的业务活动。值得注意的是，不同企业价值创造的逻辑是不同的，有些企业是市场营销—面向订单研发—面向订单生产制造—仓储物流—客户服务，有些企业是客户需求调研—产品研发—市场营销—面向订单生产制造—仓储物流—客户服务，还有些企业是需求调研—产品研发—生产制造—市场营销—仓储物流—客户服务。总之，在绘制业务蓝图的时候一定要将企业价值创造的逻辑表达出来。

（4）企业支持业务。与价值链模型中的支持活动类似，支持业务需要规划和识别与企业价值创造不可或缺的辅助和支持活动，常见的支持业务包括品质管控、设备管理、工厂管理、财务管理、组织及人力资源、行政后勤、流程与信息化、资源管理等。

3. 业务逻辑分析

核心业务逻辑分析是在对企业价值链（价值环）和业务蓝图分析的基础上，针对企业价值链（价值环）和业务蓝图中所涉及的每一项活动进行细化分析，分析每项活动对企业的价值贡献，以帮助企业识别增值与非增值业务单元，为企业重新规划流程体系，以及为流程优化与再造提供依据。

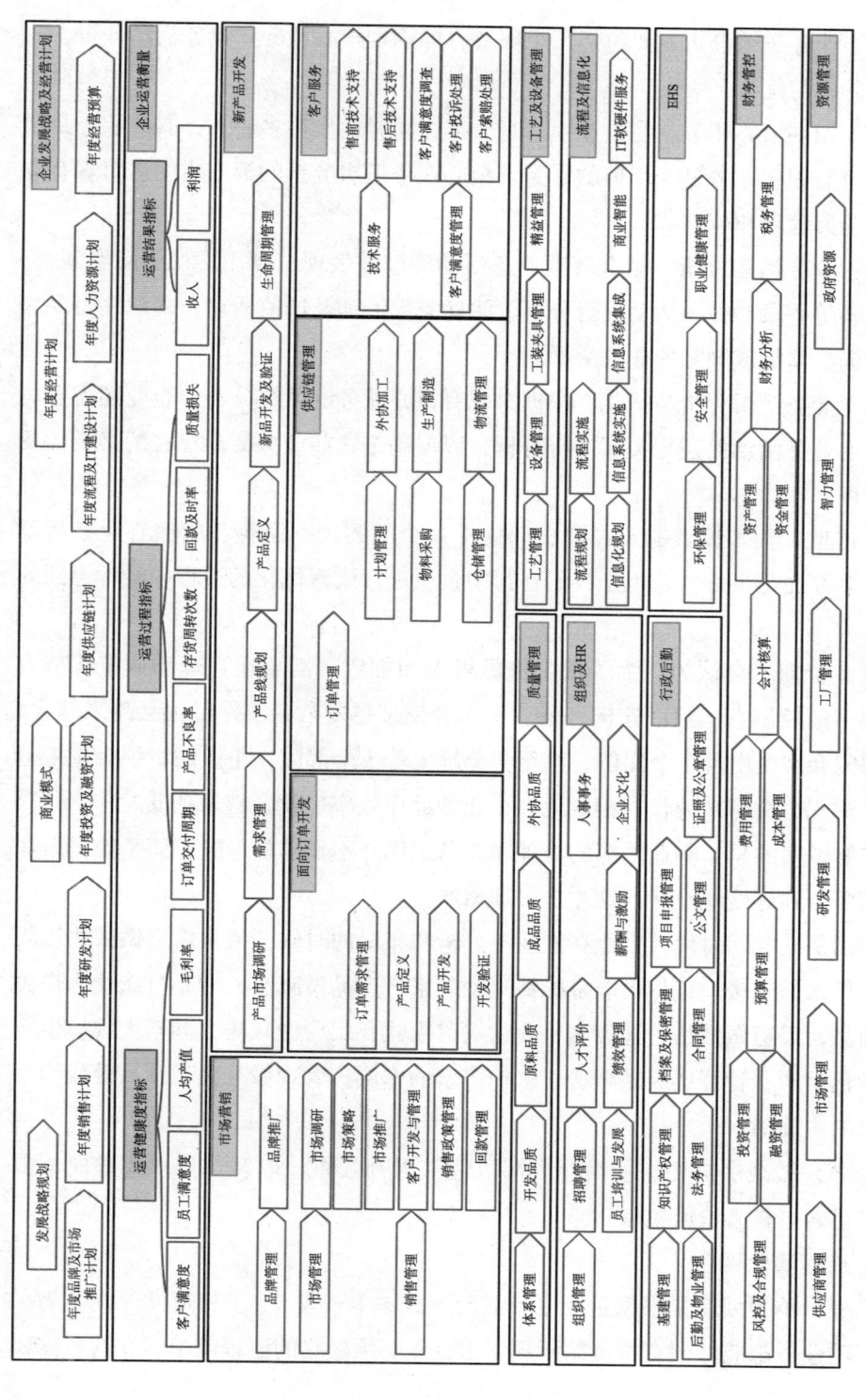

图5-6 业务蓝图

核心业务逻辑分析主要包括三个环节，即识别核心业务、业务活动分析、业务逻辑分析与优化。

（1）识别核心业务。在企业中，每天都在同时运作很多业务，有些业务是增值的，也有很多业务是非增值的，企业核心业务逻辑分析的第一步便是对现有业务进行全面盘点和梳理。

（2）业务活动分析。结合每项业务活动的绩效表现，利用访谈、问卷调查、现场观察等手段对每项活动进行分析，明确关键活动及增值活动，并识别需要加强、削弱、增加或删除的业务活动。

（3）业务逻辑分析与优化。根据对现有核心业务的系统分析，企业还需要对这些核心业务活动的逻辑关系进行分析，以便确定这些业务活动存在的必要性及先后顺序。

在这里，很多读者朋友经常会问这样一个问题：一家企业的核心业务活动究竟是多好还是少好？这也是我们在帮助企业进行流程优化的过程中经常遇到的问题。

很多管理者会认为，为了把工作做得更加细致，需要在管理和业务环节上增加很多的控制点，然而这样一来，工作会越来越复杂，工作量也会越来越大，一个部门会裂变出若干个岗位，甚至会分解成若干个部门，企业的组织会越来越庞大，流程也会越来越长，相应地，企业的运作效率也就会越来越低。

需要说明的是：企业内部的管理和业务工作并不是越多越好，而是要根据业务的需要恰到好处地设计，这才是最理想的。

特别是互联网时代，企业在做业务分析和布局的时候，通常需要做减法：固定资产投入做减法，让尽可能多的钱流动起来；产品做减法，专心打造让客户尖叫的精品；渠道做减法，建设扁平化的渠道模式；工厂做减法，调整大规模生产为柔性化生产；管理层级做减法，去掉多余的中层；管理做减法，让高效成为企业运营的主旋律。

总之，做减法需要企业简化内部流程，提升效率，以客户需求为导向，最大化满足客户核心价值主张。

4. 流程清单规划

流程清单规划就是根据企业业务活动（表5-1～表5-3）相近性原则，为了确保每项业务都能做到有章可循而规划出企业必须建立的流程清单。在这里需要说明的是，流程清单规划可能是一项业务活动对应一个流程，也可能是多项业务活动对应一个流程，总之要确保每项业务活动都有对应的流程支撑。

对应表5-1～表5-3，表5-4～表5-6是企业常见的流程。

表5-1 常见整合营销业务活动

业务阶段	活动项数	业务活动名称
1.营销规划	8项	1.1年度营销计划；1.2年度销售目标；1.3年度品牌建设计划；1.4年度市场研究及推广计划；1.5年度客户及渠道开发计划；1.6年度订单开发计划；1.7年度营销政策；1.8年度营销预算
2.品牌推广	6项	2.1品牌宣传；2.2品牌监测；2.3品牌危机管理；2.4广告制作与投放；2.5品牌媒介管理；2.6自媒体运营
3.市场推广	10项	3.1展会推广；3.2渠道推广；3.3媒介推广；3.4市场活动策划与执行；3.5市场推广效果评估；3.6市场调研；3.7市场信息收集与分析；3.8市场物料设计与制作；3.9市场物料管理；3.10市场培训
4.渠道开发	4项	4.1渠道政策；4.2渠道开发；4.3渠道合同；4.4渠道档案
5.销售管理	13项	5.1销售商机开发；5.2销售漏斗管理；5.3营销方案拟订；5.4营销方案讲解；5.5销售订单评审；5.6销售合同签订；5.7订单执行监控；5.8月度销售预测及计划；5.9销售货款管理；5.10销售数据与报表管理；5.11销售档案管理；5.12销售费用控制；5.13销售行为管理
6.客户服务	5项	6.1客户满意度调查；6.2客户满意度弱项改进；6.3客户投诉受理；6.4客户技术服务需求响应；6.5客户服务档案管理

表5-2 常见集成研发业务活动

业务阶段	活动项数	业务活动名称
1.研发规划	7项	1.1年度基础技术研究计划；1.2年度技术趋势研究计划；1.3年度产品研发路径规划；1.4年度产品趋势研究计划；1.5年度新产品开发计划；1.6年度老品更新计划；1.7年度研发预算
2.需求管理	3项	2.1产品应用趋势跟进和收集；2.2客户新品需求；2.3新品开发需求
3.产品定义	9项	3.1技术可行性；3.2成本可实现性；3.3产品盈利分析；3.4开发周期评估；3.5产品生命周期承诺；3.6竞争对手分析；3.7客户关系分析；3.8新产品研发费用预算；3.9产品定义书

续表

业务阶段	活动项数	业务活动名称
4.产品开发	11项	4.1产品开发（工业设计、硬件开发、结构开发、软件开发、包装设计）；4.2设计评审；4.3研发样机；4.4工程试产准备确认；4.5工程试产（试产方案、试产工单、试产SOP、试产品质控制方案、试产记录）；4.6设计输出；4.7量产准备（量产方案、量产SOP、量产工单、量产品质控制方案、量产记录）；4.8爬坡期评审；4.9项目量产评审；4.10项目开发总结；4.11项目专利申请
5.开发验证	2项	5.1研发测试与验证（软件测试、硬件测试、可靠性测试、场测）；5.2试产验证（可生产性评估、新产品鉴定报告、性能指标测试报告）
6.上市管理	5项	6.1新产品发布；6.2新产品推广资料制作；6.3新产品培训；6.4新产品首单跟进；6.5新项目上市总结
7.生命周期管理	3项	7.1产品生命周期监测与分析；7.2产品迭代；7.3产品退市管理

表5-3 常见集成供应链业务活动

业务阶段	活动项数	业务活动名称
1.供应链规划	7项	1.1年度产销存规划；1.2年度产能规划；1.3年度供应商规划；1.4年度仓储规划；1.5年度工艺保障计划；1.6年度质量规划；1.7年度设备保障规划
2.供应商开发	4项	2.1供应商开发；2.2供应商认证；2.3合格供应商管理；2.4供应商评价
3.计划管理	4项	3.1订单交付计划；3.2生产计划；3.3物料需求计划；3.4物料采购计划
4.采购管理	7项	4.1新物料认证及试用；4.2物料封样管理；4.3采购模式选择；4.4采购下单；4.5采购订单跟踪；4.6采购价格管理；4.7采购货款管理
5.制程管理	10项	5.1作业计划管理；5.2生产领料；5.3生产指令；5.4生产实施；5.5外协生产管理；5.6生产现场管理；5.7生产成本控制；5.8生产异常处理；5.9生产入库；5.10生产统计与分析
6.仓储物流管理	8项	6.1物料仓储管理；6.2半成品仓储管理；6.3成品仓储管理；6.4渠道库存管理；6.5仓储防护；6.6出入库管理；6.7物流管理；6.8报关与退税
7.品质管理	5项	7.1品质标准；7.2研发品质管理；7.3物料品质管控；7.4成品品质控制；7.5品质统计与分析
8.工艺管理	4项	8.1工艺标准；8.2工艺文件；8.3工艺监督；8.4工艺变更

续表

业务阶段	活动项数	业务活动名称
9.设备管理	6项	9.1设备选型；9.2设备安装；9.3设备调试；9.4设备检修；9.5设备报废；9.6设备档案

表5-4　常见整合营销流程

一级流程	对应业务活动
营销规划流程	1.1年度营销计划；1.2年度销售目标；1.8年度营销预算
品牌推广流程	1.3年度品牌建设计划；2.1品牌宣传；2.2品牌监测；2.4广告制作与投放
品牌危机管理流程	2.3品牌危机管理
品牌媒介管理流程	2.5品牌媒介管理；2.6自媒体运营
市场推广流程	1.4年度市场研究及推广计划；3.1展会推广；3.2渠道推广；3.3媒介推广
市场活动策略及执行流程	3.4市场活动策划与执行；3.5市场推广效果评估
市场调研流程	3.6市场调研；3.7市场信息收集与分析
市场物料管理流程	3.8市场物料设计与制作；3.9市场物料管理
市场培训流程	3.10市场培训
渠道开发流程	1.5年度客户及渠道开发计划；4.1渠道政策；4.2渠道开发；4.3渠道合同；4.4渠道档案
销售商机管理流程	5.1销售商机开发；5.2销售漏斗管理
销售订单开发流程	1.6年度订单开发计划；1.7年度营销政策；5.3营销方案拟定；5.4营销方案讲解；5.5销售订单评审；5.6销售合同签订
销售订单管理流程	5.7订单执行监控
销售预测管理流程	5.8月度销售预测及计划
销售货款管理流程	5.9销售货款管理
销售报表管理流程	5.10销售数据与报表管理
销售档案管理流程	5.11销售档案管理
销售费用控制流程	5.12销售费用控制
销售行为管理流程	5.13销售行为管理

续表

一级流程	对应业务活动
客户满意度管理流程	6.1客户满意度检测；6.2客户满意度弱项改进
客诉受理流程	6.3客户投诉受理；6.4客户技术服务需求响应；6.5客户服务档案管理

表5-5 常见集成研发流程

一级流程	对应业务活动
研发规划流程	1.1年度基础技术研究计划；1.2年度技术趋势研究计划；1.7年度研发预算
产品趋势研究流程	1.4年度产品趋势研究计划；2.1产品应用趋势跟进和搜集
市场调研及需求管理流程	1.3年度产品研发路径规划；1.5年度新产品开发计划；2.2客户新品需求；2.3新品开发需求
新品可行性评审流程	3.1技术可行性；3.2成本可实现性；3.3产品盈利分析；3.4开发周期评估；3.5产品生命周期承诺；3.6竞争对手分析；3.7客户关系分析；3.8新产品研发费用预算
产品定义及立项流程	3.9产品定义书
新产品开发流程	4.1产品开发（工业设计、硬件开发、结构开发、软件开发、包装设计）；4.2设计评审；4.3研发样机；4.10项目开发总结
新产品试产流程	4.4工程试产准备确认；4.5工程试产（试产方案、试产工单、试产SOP、试产品质控制方案、试产记录）；4.6设计输出
新产品量产流程	4.7量产准备（量产方案、量产SOP、量产工单、量产品质控制方案、量产记录）；4.8爬坡期评审；4.9项目量产评审
知识产权申请流程	4.11项目专利申请
新产品开发验证流程	5.1研发测试与验证（软件测试、硬件测试、可靠性测试、场测）；5.2试产验证（可生产性评估、新产品鉴定报告、性能指标测试报告）
新产品上市流程	6.1新产品发布；6.2新产品推广资料制作；6.3新产品培训；6.4新产品首单跟进；6.5新项目上市总结
老产品迭代流程	1.6年度老品更新计划；7.2产品迭代
产品生命周期管理流程	7.1产品生命周期监测与分析；7.3产品退市管理

表5-6 常见集成供应链流程

一级流程	对应业务活动
供应链规划流程	1.1年度产销存规划；1.2年度产能规划
供应商开发流程	1.3年度供应商规划；2.1供应商开发；2.2供应商认证
合格供应商管理流程	2.3合格供应商管理；2.4供应商评价
订单交付计划管理流程	3.1订单交付计划
生产计划管理流程	3.2生产计划
采购计划管理流程	3.3物料需求计划；3.4物料采购计划
采购样品管理流程	4.1新物料认证及试用；4.2物料封样管理
采购订单管理流程	4.3采购模式选择；4.4采购下单；4.5采购订单跟踪
采购价格管理流程	4.6采购价格管理
采购货款管理流程	4.7采购货款管理
制程管理流程	5.1作业计划管理；5.2生产领料；5.3生产指令；5.4生产实施；5.5外协生产管理；5.6生产现场管理；5.8生产异常处理；5.10生产统计与分析
生产成本控制流程	5.7生产成本控制
成品入库流程	5.9生产入库
出入库管理流程	1.4年度仓储规划；6.1物料仓储管理；6.2半成品仓储管理；6.3成品仓储管理；6.4渠道库存管理；6.5仓储防护；6.6出入库管理
物流管理流程	6.7物流管理
出口退税流程	6.8报关与退税
研发品质管理流程	1.6年度质量规划；7.1品质标准；7.2研发品质管理；7.5品质统计与分析
物料品质管理流程	1.6年度质量规划；7.1品质标准；7.3物料品质管控；7.5品质统计与分析
成品品质管理流程	1.6年度质量规划；7.1品质标准；7.4成品品质控制；7.5品质统计与分析
工艺管理流程	1.5年度工艺保障计划；8.1工艺标准；8.2工艺文件；8.3工艺监督
工艺变更流程	8.4工艺变更
设备管理流程	1.7年度设备保障规划；9.1设备选型；9.2设备安装；9.3设备调试；9.5设备报废；9.6设备档案
设备检修流程	9.4设备检修

当然，企业除了整合营销、集成研发、集成供应链之外，还有很多流程，诸如战略管理类流程、人力资源管理类流程、财务管理类流程、基础管理类流程等，在此不再一一赘述。

四、流程现状描述与问题分析

流程规划完成后企业就可以针对每个流程进行现状描述及问题分析了，及时发现流程存在的问题并加以优化，确保企业流程始终保持在最优状态，这是每位A级选手的责任之一。

1. 流程现状描述

流程现状描述常用的工具是泳道式流程图（又称职能流程图），由于绘制时需要对每个角色（部门或者岗位）在流程中所承担职责用相互隔离的区域进行设计和说明，就像游泳池里的独立泳道一样，因此而得名，如图5-7、图5-8所示。

用职能流程图进行流程描述时，应该注意：

（1）每两条泳道隔开的部分为一个独立角色（部门或者岗位），对于公司级流程而言是部门，而对于部门级流程而言则是岗位。

（2）流程步骤不宜太多，每个流程控制在15个步骤为宜，特殊情况可以控制在20步之内，最好不要超过25步。

（3）一般情况下，流程的左边为相关角色（部门或者岗位）、中间为流程归口角色（部门或者岗位）、右边为流程审批角色（部门或者岗位）。

（4）为了便于识别流程归口角色（部门或者岗位），一般情况下流程应该从归口角色（部门或者岗位）开始，也在归口角色（部门或者岗位）结束。

2. 流程问题分析

中医讲究"望闻问切"，流程现状分析也不例外，企业可以利用不同的手段和方法对流程存在的问题进行全面诊断，进而提出流程优化的方向和重点。

流程问题分析的方法有很多，比如，流程绩效分析、流程作业现场调查、文档查阅、问卷调查、研讨会、测时、现场模拟、实际参与、流程节点时间分析、标杆对比分析、作业时间分析、作业成本分析、作业质量分析等。

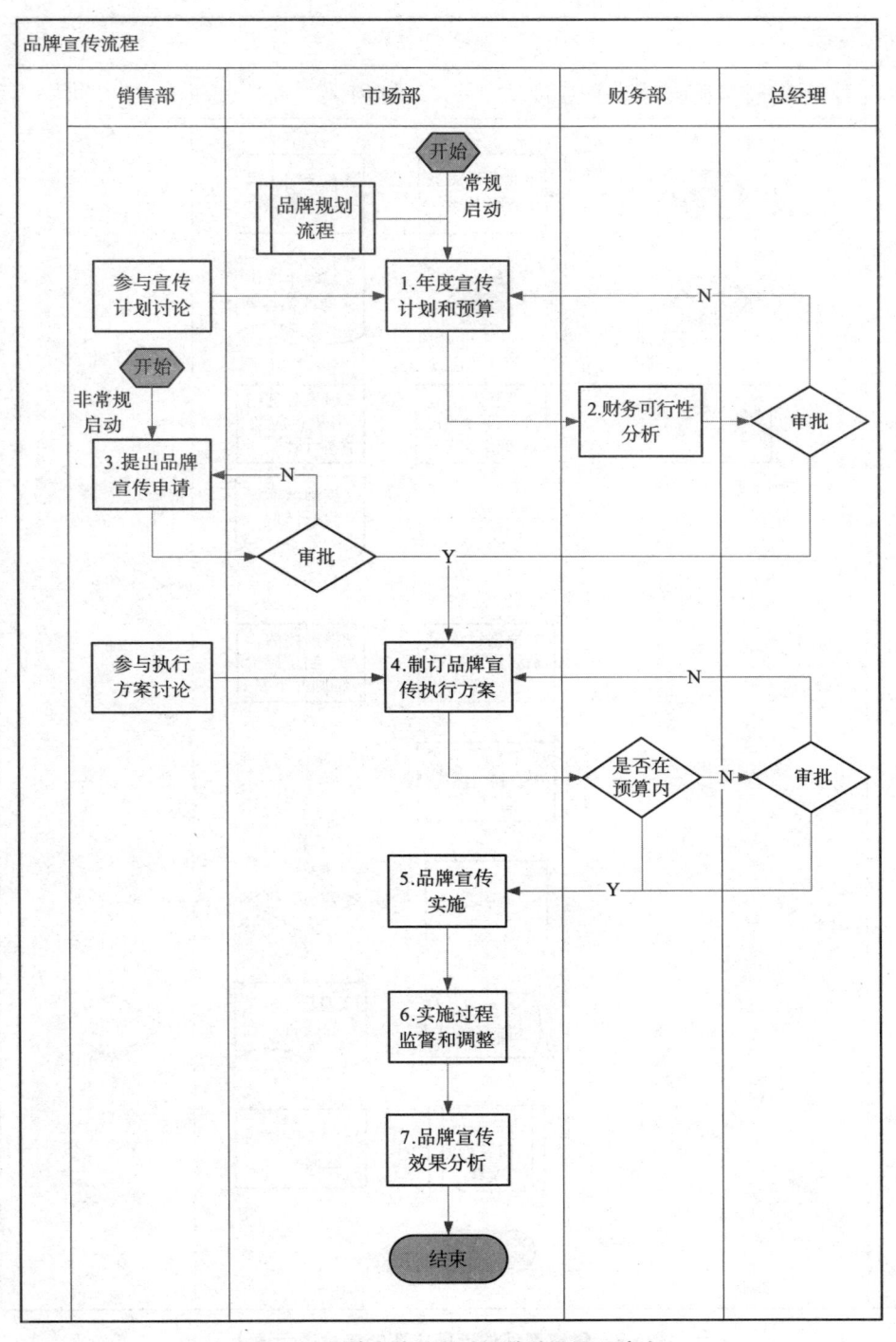

图5-7　品牌宣传流程（职能流程图示意）

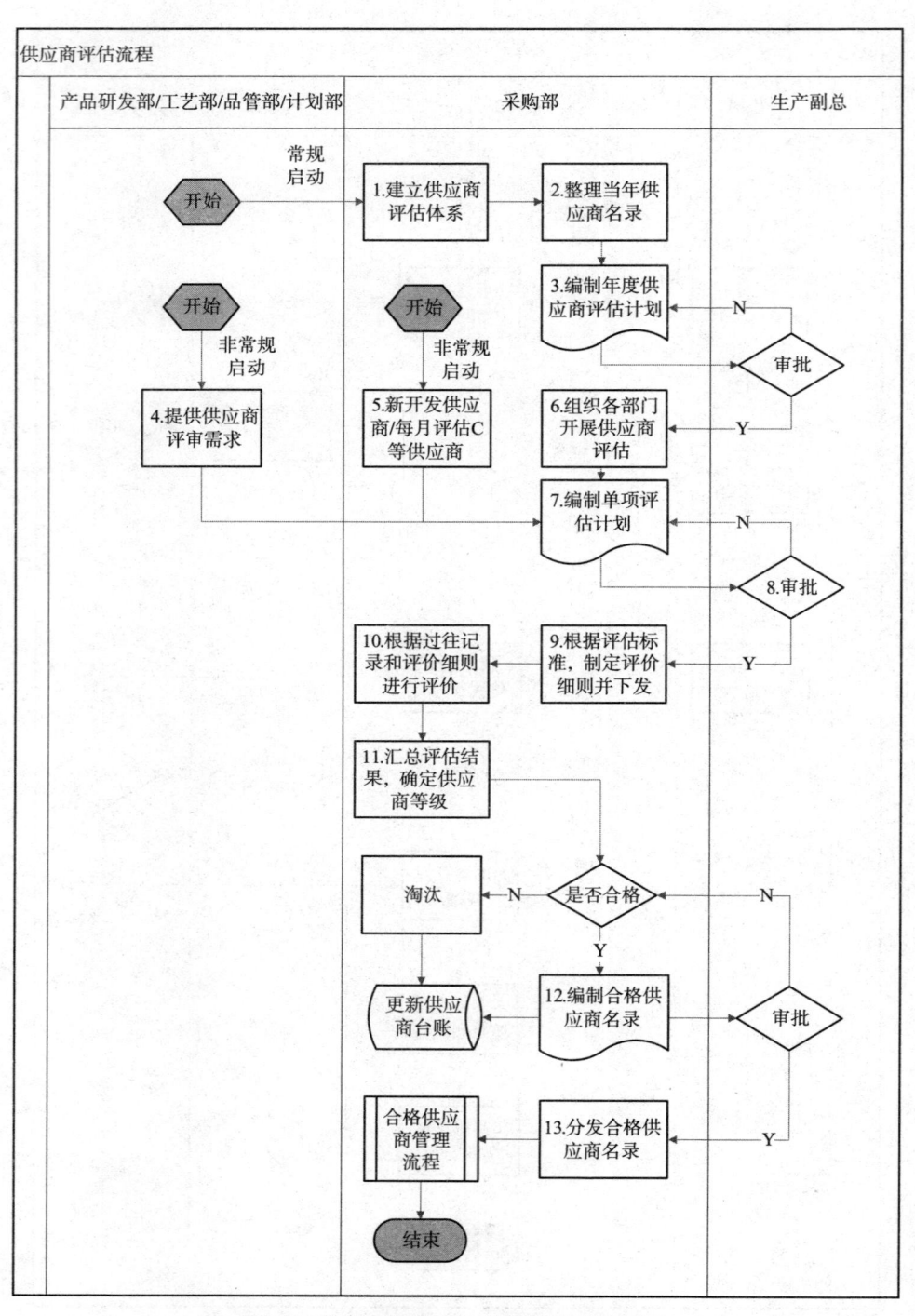

图5-8 供应商评估流程（职能流程图示意）

（1）流程绩效分析法。流程绩效分析法是最常用的流程问题分析的一种方法，因为任何一个流程都会涉及多个角色（部门或者岗位），这些不同的角色共同协作的目的就是要达成一定的工作绩效，因此可以通过流程绩效结果分析发现流程存在的问题。流程绩效分析首先需要识别与流程相关的绩效指标，然后通过绩效数据的分析发现流程存在的问题。

（2）流程作业现场调查法。流程作业现场调查是一种最直观的流程问题方法，通过观察实际作业活动，记录活动耗费时间、对作业现场环境进行查看、询问相关作业操作人员等手段，对流程运作的基础进行了解。常见的现场调查方法有测时法、现场模拟、实际参与等。

（3）流程文档查阅法。在对流程开展调研的同时，我们应该收集与流程运作有关的制度、表单、文件、方案等文档，这些材料是支撑流程运行的基础。通过分析上述材料所记录的数据、规定、事件，我们可以推断流程实际运作的有效性。同时，文档本身制订得是否合理、是否充分满足了流程环节监控与管理需求、所需数据是否记录全面等问题，也会对流程有影响。

（4）流程问卷调查法。为了增强流程调研过程中的相关数据和信息收集的全面性，企业可以适度开展问卷调查。开展问卷调查，有助于提高员工对流程改进的参与程度，并能较全面地体现公司各个运作部门对企业整体流程运作效率的看法。但是问卷调查也有一定局限性，主要表现为相关问题比较固化，不能给人以开放性的思考，因此需要结合其他方法一同使用。

（5）作业分析法。不同的流程其增值方式是不同的，根据不同增值方式我们把作业分析法分为作业时间分析法、作业成本分析法、作业质量分析法等。

（6）标杆分析法。标杆法是企业开展流程管理的理论基础之一。选择标杆的作用在于可以根据标杆企业的做法选择衡量企业流程的绩效指标，并根据标杆企业的经营成果确定本企业的目标，同时还可以借鉴标杆企业在解决企业相应问题时候的思路和工作办法，探索新的处理问题的方法。

（7）流程成熟度分析法。流程管理成熟度（Business Process Management Maturity，BPMM）分析是通过对流程管理活动、流程中的角色认知与履行、流程文化、IT对流程管理的支持、流程团队成员的流程管理技能、各级管理者对流程管理的看法及参与程度等多个维度进行评价，从而评估企业流程管理能力。

美国生产力与质量协会（APQC）把企业流程管理成熟度分为五级，分别是经验级、职能级、规范级、绩效级和标杆级（表 5-7）。

表5-7 APQC流程管理成熟度分级

成熟度级别	级别定义
标杆级	改进已经成为全体员工的习惯，最佳的综合改进过程，证实达到了最好的结果
绩效级	分析、确认上下游工作的需求，并对过程进行不断改进，保证结果良好且保持改进趋势
规范级	管理系统基于过程方法的应用，管理体系有相对完整的规划性，但仍处于系统改进的初级阶段，可获得符合目标的数据和所存在的改进的趋势方面的信息
职能级	能对管理运作过程遇到的问题做出反应，但处于就事论事阶段，只是基于问题或纠正的反应式系统方法，改进的结果很少以数据或总结形式反映解决的方法和过程
经验级	企业管理没有采用系统方法的证据，没有结果或结果不好，处于非预期结果阶段，充满突发性错误，危机四伏，管理人员"忙"而"盲"

综上所述，流程问题分析的方法有很多，企业在针对每个流程进行问题分析的时候可以选择最适合的方法，为了让 A 级选手掌握流程问题分析的具体方法，我们提供了一份流程问题分析模板，具体见表 5-8。

表5-8 流程问题分析（模板）

序号	现在存在的问题	具体表现	问题分析方法	可能导致的后果	优化要点

五、流程优化与再造

严格意义上来讲,流程优化与流程再造是两个完全不同的概念,流程优化(Business Process Improve,简称BPI)是指辨析理解现有流程,并通过对现有流程进行优化改良产出新流程。常见的流程优化技巧主要有以下几种:剔除非增值环节、优化流程顺序、压缩影响流程实现的关键环节、资源重新配置、组织模式优化与调整、信息化与自动化。而流程再造(Business Process Re-engineering,简称BPR)是指根据公司战略调整及商业模式变化从根本上重新考虑产品或服务的提供方式再造新流程。常见流程再造技巧主要有以下几种:价值链重组、战略转型、业务流程外包等,见表5-9。

表5-9 流程优化与流程再造差异分析

比较项目	流程优化(BPI)	流程再造(BPR)
变革起点	基于现有流程,公司战略既定	基于现有流程,公司战略发生变化
变革程度	量变、渐变	质变、突变
变革频率	持续的	一次性的
需要时间	短	长
参与者	自下而上	自上而下
影响范围	窄,限于部分部门	宽,跨部门甚至跨系统
对组织影响	维持现有框架	打破原有束缚
风险系数	小	大
变革类型	文化、结构	文化、结构

1. 流程优化方法

流程优化是在现有流程的基础上,针对存在的问题进行局部的调整,属于渐变性优化,流程优化常用的方法很多,如优化流程顺序、剔除非增值环节、压缩无效消耗、流程中心型组织建设、使决策点尽可能靠近需进行决策的地点做出、减少工作交接频率、放权或分权、信息化、压缩用时最长的关键环节、资源重新配置、设置流程监督机制等。

（1）优化流程顺序。优化流程顺序就是指根据相关流程侧重点控制方式的不同，对流程运作过程和顺序进行调整，使各环节的负荷与处理时间尽量均衡。

比较常见的流程顺序优化有变串联为并联，即对于许多串行工作，我们可以考虑将其进行并行处理，以提高流程运行效率，减少流程节点活动的干扰；改变流程顺序，即通过观察流程运行的各个环节，对不合时宜的作业活动进行作业顺序的调整，以求获得流程上的改善和突破（图5-9）。

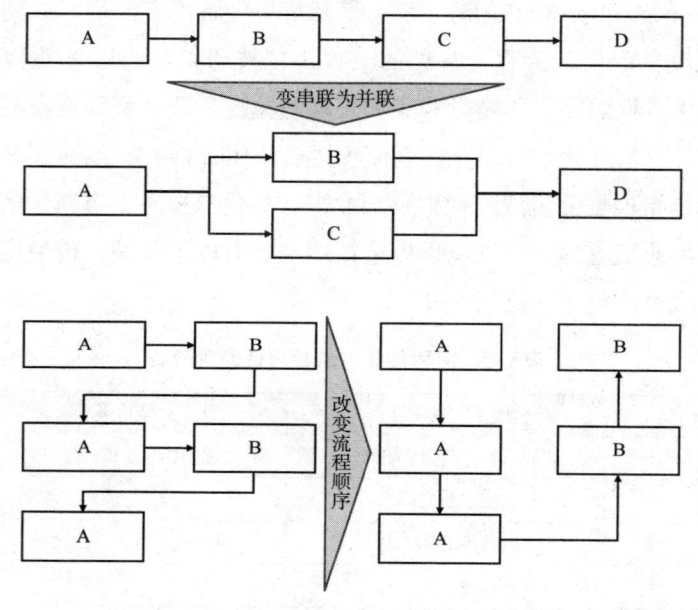

图5-9 优化流程顺序（示意）

（2）剔除非增值环节。剔除非增值环节就是减少相关活动的数量，提高活动的质量。在我们将多余的活动进行清除后，对于剩下的活动应进行简化。

常见的剔除非增值环节的方法有简化（简化程序、简化表单、简化语言等）、删除（删除无价值步骤、删除不相关部门、删除无价值审批等）、压缩（过度生产、过度供应、等待时间、官僚主义、重复工作、无效监督、低效协调等），将对本流程没有增值价值的环节统统删除。

（3）模板化、标准化。模板化和标准化是企业进行流程优化的一种常见方法，华为的任正非先生深谙此道，他指出：规范化管理的要领是工作模板化，什么叫作规范化？就是我们把所有的标准工作做成标准的模板，就按模板来做。一个新员工只要能看懂模板，就会按模板来做。而这个模板是前人摸索几十年才总结和提炼出来的，你不必再去摸索。各流程管理部门、合理化管理部门，要善于引导各类已经优化的、已经证实行之有效的工作模板化。对于一些重复运行的流程，工作一定要模板化。一项工作达到同样绩效，少用工，又少用时间，这才说明管理进步了。我们认为，抓住主要的模板建设，又使相关模板的流程连结起来，才会使信息化管理成为现实。

适合模板化、标准化的流程环节有工作表单、工作报告、工作文件、会议纪要等。

（4）自动化、信息化。信息化与自动化是进行流程优化的重要手段，随着社会总体劳动力资源的趋于枯竭，以及信息化管理手段在企业内部扮演作用的加重，信息化与自动化已经成为很多企业进行流程优化的首选。

适合自动化、信息化的流程环节有脏活、累活、难活；枯燥工作；简单重复工作；数据采集、传输与分析工作。

（5）资源重新配置。对于任何一家公司而言，企业所拥有和可支配的资源一定是有限的，如何集中优势资源去做对于企业而言最有价值的流程环节，这是每家企业都必须思考和解决的问题。

根据我们多年的实践经验，我们认为企业在进行流程优化的时候就必须要考虑到这一点，需要思考每个流程实施的资源评估，对于有些资源不足的流程，可采取两种模式来解决，其一调配其他资源，其二思考进行流程外包。

（6）端到端整合。端到端整合就是要通过企业从顾客到供应商的整合，使其流程更加顺畅、连贯，以满足客户的需要。

端到端整合的流程内容包括整合工作、整合团队、整合供应商、整合顾客、整合价值链等。

（7）充分授权。流程管理的最终目标在于提高企业运营效率和经营绩效，而授权可以在一定程度上帮助企业实现这一目标，因为企业通过合理的授权，其一，方便调动员工的积极性，因为在很多公司，每个岗位的责、权、利其实是不对等的，这就造成很多员工承担了责任，但没有权力保证，也没有利益保障，最终导致工作无法开展；其二，企业通过授权体系促使员工能力的提升，缺乏授权体系的企业，员工工作基本上是"等、靠、要"，有了授权保障，员工可以变被动为主动；其三，企业可以通过授权体系，压缩审批环节，提升流程效率。

2. 流程再造方法

流程再造不同于流程优化，流程再造追求突变，也就是根据公司战略调整及业务模式再造对现有流程进行颠覆式创新，以满足战略需要，因此流程再造与流程优化的方法也存在较大的不同。

（1）战略调整。经营环境无时无刻不在发生变化，企业发展战略也需要不断优化与调整，相应地企业业务流程也需要根据战略调整进行再造。

企业可以选择的战略调整方向有前向一体化、后向一体化、横向一体化、多元化、并购、剥离等，都是可能的选择之一，也可以进行战略组合选择，但究竟是选择单一战略还是组合战略关键是要评估企业自身的资源状况，因为没有一家企业能够拥有足够的资源来选择和实施对其有益的所有战略。

但不管企业采用哪种战略调整，都必须按照新的战略需要对内部流程进行全新设计与再造，才能确保战略落地。

（2）价值链重构。流程再造需要完全打破原来价值链体系的束缚，重新定义企业的价值链模型和商业模式，进而使企业获得重生，企业一旦发现现有的价值链已经失去了竞争优势，或者目前企业盈利能力大幅下降，就必须思考对价值链进行创新与重构。

随着全球一体化进程不断加剧，现代企业正面临着两个巨大的挑战：第一，原先以研发、供应、生产、销售为一体的企业价值链正面临着分化的威胁；第二，越来越多以单一价值链为核心的"独角兽"企业如雨后竹笋般纷纷崛起。

在进行价值链重组时，我们首先应该明确企业的发展战略，然后选择关键环节进行重组。那么企业如何进行价值链重组呢？

常见的企业价值链重组有两种方法，即价值链整合、价值链拆分。

①价值链整合。不管是位于价值链上游的制造厂家，还是居于价值链下游的销售商，存在于市场上的竞争能力都取决于三种能力，即创造市场的能力、订单交付的能力和控制成本的能力。不论哪种能力的打造，都需要跳出本企业的范畴，认真审视整个价值链，通常在上游价值链原料供应环节和下游价值链营销环节进行创新才能取得意想不到的成果。

②价值链拆分。资源优势明显、市场控制力强的企业通过向上、下游延伸价值链，可使其竞争力更强，这是做加法，但有些资源条件受限的企业更适于做减法，这就是价值链的拆分。价值链拆分就是主体企业通过自身能力及资源评估，选择价值链中自己最擅长的环节做精、做强。

由此可见，不论是价值链整合还是价值链拆分，都需要对企业内部流程进行系统再造。

（3）业务流程外包。业务流程外包（Business Process Outsourcing，BPO），是指企业将业务流程以及相应的职能外包给供应商，并由供应商对这些流程进行重组。

目前常见的企业业务流程外包有研发流程外包、供应链流程外包、制造流程外包、营销流程外包、人力资源流程外包、财务流程外包等。单从人力资源流程外包来讲，小到员工招聘面试流程外包、员工培训实施流程外包、员工社保外包、员工福利外包，大到员工招聘流程外包、员工培训流程外包、员工薪酬外包，再到人力资源全流程外包，都是已经非常成功的实施案例，可见，业务流程外包已成为企业业务流程再造的一项必然选择。

3. 流程优化与再造衡量

前面系统介绍了流程优化与流程再造的基本方法，但不同企业在进行业务流程优化与再造的时候如何才能做到最优其实是没有标准答案的。我想读者朋友们可能还会有一个问题要问，那就是我们做流程优化与再造的标准是什么？换句话来讲，什么样的流程才是好流程呢？根据多年的实践，我们认为可以从以下几点衡量流程优化与再造效果（图5-10）。

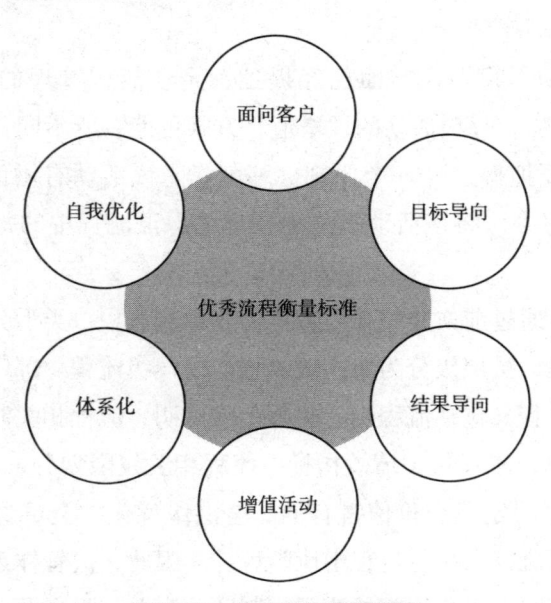

图5-10　优秀流程衡量标准

（1）面向客户。我们在谈到流程的六大构成要素的时候提到，客户就是流程输出结果的最终消费者，企业进行流程优化与再造的时候，当然要保证面向客户，并且保证客户的满意。

不同流程的客户是有差异的，可能是企业外部的客户（代理商、经销商、终端客户、供应商），也可能是企业内部的客户，总之，企业流程优化与再造必须紧紧围绕客户诉求，将那些与客户诉求无关或者弱相关的业务活动尽可能减掉。

（2）目标导向。我们通常讲战略决定企业做正确的事，组织决定企业正确地做事，而流程则可以帮助企业高效、低成本、低风险地做事。流程的存在一定是为了企业战略的实现，如果企业流程优化离开了战略的引导和战略目标的实现，那将是毫无意义的。

另外，回到流程管理的基本原则，我们强调流程管理必须坚持"目标导向、结果导向"原则，任何一个流程，其增值方式不同，而衡量增值方式的指标以及所要达到的目标也是不同的。

（3）结果导向。好流程一定有明确的结果导向，同时也会体现在流程绩效上，因此衡量一个流程是否是好流程的关键环节就是看这个流程最终的结果是否达到了流程客户的核心诉求。我们通常所说的"结果不会说谎"这句话用在衡量流程结果上再恰当不过了，只要结果不理想，表面上再好的流程也都是镜中花、水中月。

（4）增值活动。我们在前面已经提到，企业流程管理的核心目的是"增值"，当然每个流程、每项活动的"增值"方式可能有所不同，但流程优化与再造的时候，始终要把握这样一个原则，那就是"该活动有增值价值吗？"如果没有，就一定要想办法将该活动剔除掉，最终保证流程中的每项活动都是"增值"的。

（5）体系化。通过前文介绍我们知道，企业的流程按类型分为业务流程、管理流程、辅助流程，按层级分为集团级流程、公司级流程、部门级流程、岗位级流程，另外每个流程又包括流程图、流程步骤说明、流程相关制度、流程相关文件、流程相关表单、流程相关绩效指标、流程相关权限划分、流程风控体系等。一套好的流程体系一定是全价值链打通、全层级优化、全员参与、全天候执行的，同时也能确保流程在执行过程中风险可控。因此，流程体系化的衡量就是要对价值链及业务蓝图上下游相关的流程、制度、表单、权限及流程指标设计出来并确保有效执行。

（6）自我优化。世界上唯一不变的就是变化。竞争环境的变化是永恒的，流程客户需求也是随时变化的，流程管理就是要帮助企业在周边环境发生变化时让运营和管理能尽快赶上并能适应这种变化。环境的变化必须带来运营和管理的不断调整和变化，而运营和管理的变化必然要反映到流程上，所以说，企业流程管理一定是动态的，而且流程管理成熟的企业也一定有健全的流程自我优化机能，企业的流程优化一定不是什么"抽风运动"，而是需要有一整套完整的配套体系来保证流程持续改进，永不过时。

六、甘做流程变革的急先锋

流程对于企业战略实现的重要性不言而喻，对于 A 级选手而言，掌握流程基本概念、工具和方法是远远不够的，因为流程变革势必会对现有的工作习惯带来冲击和影响，难免会有很多人不赞同，甚至抵制，最终造成企业流程变革收效甚微或流于形式，这就需要 A 级选手挺身而出，甘做流程变革的急先锋，以身作则，影响身边更多的人通过流程优化与再造提高企业运营效率，进而提升企业盈利水平。

1. 流程变革众生相

在企业流程变革的过程中，经常会面临两种人：

（1）既得利益受到伤害者。不管是经济利益，还是权力被削弱，职位发生变化，都有可能使相关人员的利益受到伤害，对于这类人，我们的解决办法是"动之以情，晓之以理"，讲清楚公司流程变革的必要性和意义，从保证企业大局利益的角度进行说明。

（2）不能胜任的任职者。流程的变革很有可能会对原来的操作习惯、岗位任职要求提出更高、更新的要求，在这个过程中势必会对现有人员的技能提出挑战，由此造成有些人的能力达不到新流程的需求，对于这类人，我们的解决办法是"扶上马，送一程"，给予适当的培训，同时辅导他们按照新流程执行。企业在进行流程变革的时候，往往还有一类人，他们往往是老资格、老前辈，他们总是抱着"不管流程怎么变,老子就是不变"的态度,对于这类人,我们的经验就是在合适的时候调整到其他的职位是一种比较合适的选择,企业绝对不可以因为个别人的"不变"而放弃流程变革工作。

不管是上面的哪种人都会对企业流程变革带来阻力,这时候需要A级选手既要做到以身作则,也要通过自己的言行举止影响他们,让他们认识到流程的重要性,这是很关键的!

2. 流程变革成功的关键点

为了确保企业流程变革顺利实施,下面介绍一些流程变革的成功经验。

(1) 树立正确的流程文化。流程强调客户导向、流程实施、结果导向及客户满意,而要实现这一目标就必须重塑企业文化。根据我们的实践,我们把流程文化的核心归结为:

①开放与包容。从海尔提出的"推倒两堵墙""倒金字塔组织模式"到美国知名管理专家罗恩·阿什肯纳斯、戴维·尤里奇、托德·吉克、史蒂夫·克尔等人提出的"无边界组织",再到日本管理专家稻盛和夫倡导的阿米巴,无不主张企业内部各个部门,甚至企业自身都必须有开放的心态,将各方利益相关者全都纳入自己的流程体系,让企业运营更高效。

②高效协同。流程的本质就是协同,海尔的拆掉"两堵墙",腾讯的推倒"部门墙",华为的集成研发、集成供应链、整合营销都是这个道理,这些企业都是期望通过流程打破部门之间的沟通壁垒,让组织之间高效协同。

③结果导向。流程管理的基本原则是客户导向、结果导向,流程执行得好不好一定要以结果论英雄,没有好结果的流程一定不是好流程,也是无效的流程。请记住:好流程一定会让企业达到预期的结果。

④客户满意。有句话说得很好:企业存在的唯一理由是客户还需要它。相应地企业要想基业长青就必须持续保持客户满意,或者持续创造客户满意。万科提出的每项流程都必须有清晰的目标,而且流程又必须体现和支持公司核心价值观,同时更要聚焦客户价值主张就是这个道理。

(2) 建立一支高素质的流程团队。流程建设团队的打造是企业业务流程能否落地和实施的关键,在企业业务流程再造的过程中有三个角色缺一不可,我们称为CPIO(流程创新官)= CPO(首席流程官)+ CIO(首席信息官)+ COO(业务总监)。

为什么呢？因为绝大多数公司都存在这样的困惑：业务总监熟悉业务，但不懂流程描述及再造的技巧和方法，同时也排斥运用信息系统；首席流程运营官懂得流程描述及再造的技巧和方法，但他不了解业务，也不懂信息系统底层设计原理及操作规则；首席信息官一般都是技术出身的，他们不但不懂业务，甚至很多人都拒绝了解业务。如何才能破解这一难题？我们把它总结为：业务总监主导、流程总监参与、信息总监配合。

（3）建立流程变革的"广深高速"。大家都知道，在广州和深圳之间有一条高速公路叫作广深高速，我想用"广""深""高""速"来总结我们对企业实施流程管理的实践的理解。

①流程管理的"广度"。对于流程管理的广度可以从两个层面来理解，一方面，"广度"是指企业的流程是承接战略实现和价值创造的，企业实施流程管理断然不能顾此失彼，或者厚此薄彼，是需要全系统打通的，这就要求企业必须从业务流程开始，对管理流程、辅助流程进行全部优化和再造，才能保证实现最终目标；另一方面，"广度"是指流程需要全员参与，如果只有局部的人参与或者只有管理层参与，流程是没办法执行的。

②流程管理的"深度"。对于流程管理的深度也可以从两个层面进行理解，一方面，是流程管理不仅仅需要企业高层鼎力支持和全程参与，还需要企业中层管理者、基层管理者、执行层面的员工参与；另一方面，流程管理还需要对公司级流程、部门级流程、岗位级流程纵向打通。

企业的流程从上至下是一个不断细化的过程，流程级别越低，其涉及的工作会越具体，也就越需要承接岗位做好具体的执行，由此可见，流程管理的深度更加强调流程的落地与执行，这在企业推进流程管理的过程中至关重要！

③流程管理的"高度"。很多人都会认同企业流程管理是一项"一把手"工程，企业高层要从思想意识、实际行动上起带头作用。但在这里，我们需要思考的是，"一把手"难道只是企业的高层吗？肯定不是的！对于企业一级流程而言，"一把手"就是企业的高级管理者，但对于二级流程、三级流程而言，"一把手"就不再只是公司的高层，而是部门总监、部门主管，他们就成为这些流程的"一把手"。

流程管理的高度还有另外一层含义，流程管理不再只是传统意义上流程部门或各职能部门的事情，对于企业而言，战略管理、运营管理其实也是一个完整的流程，所以说，流程管理可以上升到战略管理和企业经营的高度。

④流程管理的"速度"。正本清源，企业做流程管理的终极目标就是要以最有效的方式、最快速的反应满足客户需求，这就是我们所讲的流程管理的速度。

前文提到，战略就是满足顾客某种至关重要的需求，以优于竞争对手的方式加以执行，并且持续保持这种优势，我想，很多企业会很清楚顾客至关重要的需求是什么，同时也可能做到短时间内领先竞争对手，但如何才能持续保持这种优势呢？很多企业做不到。

企业要想做到这一点确实不易，但只要企业从自己的流程细节入手，从改变流程的每一步开始，并保证流程之间是高效协同的，就一定可以持续保持这种优势。

战略决定了企业的客户，决定了企业要提供给客户什么样的服务和产品，这就需要企业流程管理首先要了解客户的需求和标准是什么，而明确客户需求的第一步是了解我们流程的客户是谁？许多企业进行流程管理，对自身的客户是谁大都有认识，但是否真的十分清楚呢？要了解自身的客户是谁，需要进行企业战略分析和研究。通过对企业内外部环境的研究分析，在明确自身资源的基础上，了解企业未来到底能为哪些客户提供产品和服务，提供哪些方面的产品和服务，未来服务达到什么样的目标和要求，这些无疑是十分重要的。也就是说，通过战略的分析研究，明确企业自身发展目标，进而明确企业的流程运作目标——客户需求，才能了解流程管理的重点和方向。

战略同时也决定了流程的期望输出效果，现代企业之间的竞争已经不是我有你无的问题，而是看谁在应对变化的反应速度和能力的问题，因为流程高效与否，直接决定企业战略能否实现。

看来，企业进行流程管理的终极目的就是要通过自身的努力，持续不断地提升流程运营速度！

第六章 | 精于解决问题

　　管理越规范的企业，流程在企业运营过程中价值体现就越明显，但在企业运营的过程中不可避免地会遇到之前没有发生的、流程没有覆盖到的一些事情，这些事情没有流程可借鉴，这就需要把这些事情当成一个特殊问题来解决。另外，还有很多企业内部管理规范化程度还很低，很多事情都没有可参考的流程，这时候更需要企业建立一套解决问题的机制。

　　当然，在这个过程中，A级选手必须起到带头作用，因为A级选手代表着能力很强、意愿也很强，也只有A级选手才能帮助企业将这些问题解决掉，而且达到"120分"的标准。

一、什么是问题

什么是问题？不知道如何去做、不知道答案、把事情做错了、执行不力、意愿不强、方向不明、方法不对……估计在大家的眼中，以上都是问题。

美国问题管理专家理查德·I. 莱尔斯把问题定义为：什么时候发生了什么不愿意看到的结果。请注意，这句话有两层意思：其一，什么时候，企业一定要明确地知道问题发生在什么时间；其二，什么不愿意看到的结果，这个不愿意看到的结果可能是理想与现实之间的差距，也有可能是现状与原状存在的差异，还可能是由于决策或人为失误（分主观和客观两种）导致最终结果不是企业预期想要的。总之，在莱尔斯看来，任何阻碍企业达成预期目标或者使企业的预期目标发生偏差的情况都是企业存在的问题。

日本问题专家高杉尚孝则认为，问题的本质就是"有了落差"，这种落差是基于现状与期望状况之间产生的，而解决问题的意思就是消灭或者缩小这种落差。在《麦肯锡问题分析与解决》一书中，高杉尚孝把问题分为三类，即恢复原状型问题、防范潜在型问题、追求理想型问题（图6-1）。

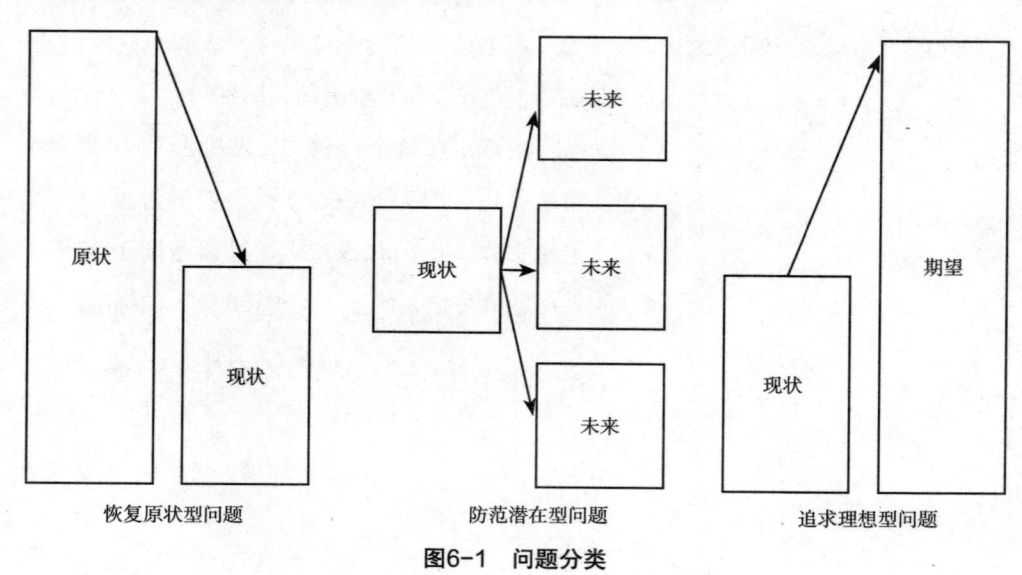

图6-1　问题分类

（1）恢复原状型问题是把事物原来的状态视为期待的状态，目前已经呈现出来的现状是低于原来状态的，这类问题的解决方法是恢复原状。比如企业一名有经验的老员工离职，而新入职的员工由于技能不足导致工作效率低下，工作差错率居高不下，很明显这是一个恢复原状型的问题，只要通过提升新员工工作技能将问题恢复到老员工在职时的状态；再如之前公司产品合格率为99.5%，但由于企业调整生产工艺，导致目前的产品合格率仅为97%，同理，企业现在要做的就是通过工艺持续优化将产品合格率提升为原来的状态。

（2）防范潜在型问题是指目前并无大碍，但如果置之不理或者置若罔闻的话，将来会发生不良状态，这类问题的解决方法是保持现状，这类问题的解决需要企业必须具备较强的前瞻性，预防潜在的未来可能发生的问题。如由于目前企业员工激励体系不健全，虽然目前员工队伍还算稳定，但不能保证未来还能够维持现在的状况，这个问题就是一个典型的防范潜在型问题，企业要想杜绝未来由于核心员工的离职造成对业务的伤害，那就必须对企业员工激励体系提前进行优化。

（3）追求理想型问题是现在的状态未满足期望，这类问题的解决方法是达成期望。如企业确定了每年30%的业绩增长目标，但由于资源不足、策略不明确或员工执行不力等原因导致业绩增长只有10%，这个问题是现状与期望状况之间存在了差距，要解决这一问题，唯一的办法就是通过增加资源配置、再次明确经营策略、提升员工执行力等手段缩小现状与期望值之间的差距。

针对不同的问题类型，高杉尚孝提出的麦肯锡解决流程是不同的，具体如下：

（1）恢复原状型问题：掌握现状—分析原因—紧急处理—根本解决—防止复发。

（2）追求理想型问题：现状盘点—选定理想—确定行动计划。

（3）防范潜在型问题：确定不良状态—确定诱因—提出预防策略—明确发生时的应对策略。

在高杉尚孝的问题定义中，恢复原状型问题、追求理想型问题都是已知的，而防范潜在型问题需要预测和前瞻性判断，从问题解决难度来看，防范潜在型问题也是最难的。

二、问题从哪里来

知道什么是问题之后，我们还需要研究企业的问题究竟是从哪里来的？企业的问题可能来自客户，也可能来自供应商，还可能来自竞争对手、兄弟部门、下属、上司，还有可能来自员工自身（图6-2）。

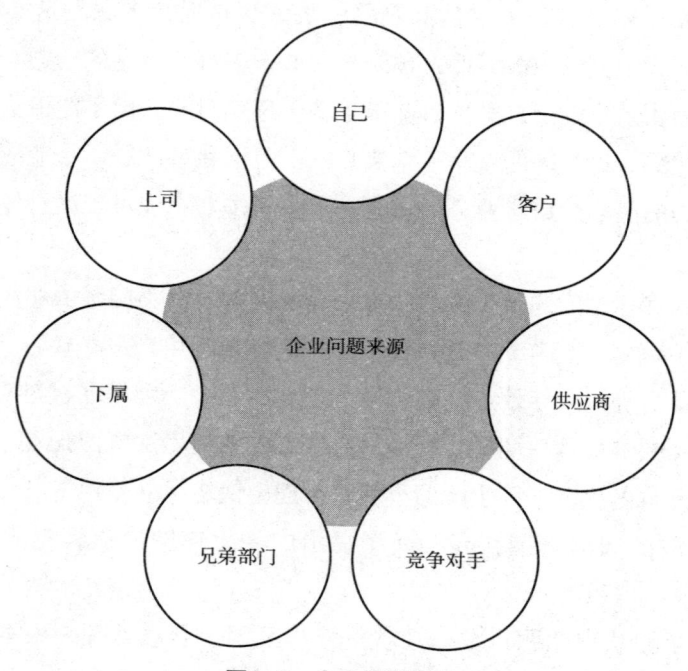

图6-2 企业问题来源

1. 客户

企业与客户的关系可以用两句话来概括：其一，企业存在的唯一理由是客户还需要你；其二，客户需要企业是因为企业解决了客户某种至关重要的需求。客户作为企业最重要的利益相关方经常会给企业带来这样那样的问题，通常而言客户会要求交期短一点、品质好一点、价格低一点、付款周期长一点、服务好一点等，更关键的是，很多时候客户的诉求不是单独的，而是几个诉求并列存在的，如果不能满足的话，这些客户提出来的诉求马上就成为企业面临的问题。比如说客户为了确保自身利益会对供应商提出降价的诉求。

2. 供应商

与客户的利益诉求恰恰相反，供应商的诉求往往是交期更长一点、品质要求更低一点、价格更高一点、付款周期短一点、服务要求不要太高等，显然企业很多时候是完全不能接受供应商的这些诉求的，而站在供应商的角度来讲这些诉求似乎又都是合理的，这样一来供应商的这些诉求也就自然而然地变成了企业所面临的问题。

3. 竞争对手

竞争对手给企业造成的问题往往是猝不及防的，比如竞争对手采用降价策略获取市场份额，竞争对手为了赢得市场空间不断推出新产品，竞争对手直接策反企业的市场和客户资源，竞争对手有的放矢地给企业制造一些麻烦，竞争对手模仿企业的产品及销售政策，竞争对手以成倍的工资直接来挖企业的优秀人才等，这些都是竞争对手给企业造成的问题。

4. 兄弟部门

大家都知道，企业会根据业务需要在内部设置若干个部门，如市场部、销售部、客服部、采购部、计划部、工程部、生产部、仓储部、研发部……企业内部的很多事情都是需要两个或者更多部门协同才能完成，但企业内部往往会出现因为个别部门原因导致事情结果完全达不到预期。如由于采购不及时或者生产计划错误造成客户订单无法准时交付，进而导致销售人员目标无法达成，这个问题的表象是销售目标未达成，但问题的根本在于采购和计划部门；又如由于销售部门开发的订单结构不合理，造成制造频繁更换生产线，导致员工作息时间极其不固定进而造成员工流失率大幅上升，这个问题的表象是员工流失率升高，但问题的本质是由于订单结构不合理引起的；再如采购付款不及时而引发供应商不能及时发货，这个问题的表象是付款不及时，而深层次的原因可能是财务资金计划不准确引起的，那么影响财务资金不准确的真实原因又是销售回款计划未达成造成的。

5. 下属

对于管理者而言，带领团队成员完成组织目标是一件再正常不过的事情，但由于下属失职、能力不足、工作意愿不强、责任心太弱、执行力太差、团队配合不力等原因导致部门工作目标无法达成，这个问题都是下属造成的。

6. 上司

由于上司交代工作不清楚、行政指令混乱、目标不清、计划不明确、未按组织原则随意安排工作等原因会导致下属无所适从，进而造成部门工作难以有效开展，这也会导致企业出现很多问题。

7. 自己

根据我们的研究，很多时候自己才是问题的主要来源，很多人抱着60分万岁、最后一天、得过且过、能推就推、能拖就拖、能逃就逃、能避就避、差不多的心态，明明有些问题可以做得更好或者可以提前完成，但由于个人原因导致这些事情始终达不到组织期望的结果，这是典型的B级选手、C级选手的做事方式。

综上所述，我们把企业问题的来源归结为以上七个主要方面。除了这些，其实企业的任何一个利益相关方都可能给企业带来问题，比如政府要求企业合法经营，遵守环保、安全、职业健康、合法用工、依法纳税等相关法律法规，但如果企业没有做到的话就会与法律法规的期望产生差距，进而导致问题的出现；再如银行要求企业按期还款，但如果企业运营状况不理想、资金调度计划不及时造成不能按时还款，就会影响企业信用记录。

三、发现问题，成功一半

企业最大的问题往往是不能及时发现问题，对于企业存在的问题，很多人视而不见、听而不闻，甚至麻木不仁，导致问题越来越严重，最终无药可治。犹如蔡桓公从"疾在腠理""病在肌肤""病在肠胃"到"病在骨髓"，最终"桓侯体痛，使人索扁鹊，已逃秦矣，桓侯遂死"。因此，我们认为，发现问题，成功一半。只有及时发现企业存在的问题，才能做到防微杜渐。正如扁鹊所言："疾在腠理，汤熨之所及也；在肌肤，针石之所及也；在肠胃，火齐之所及也。"而不至于"在骨髓，司命之所属，无奈何也"！

A级选手作为企业的核心，更加清楚企业问题所在，需要主动承担起发现问题、暴露问题的职责。

1. 问题产生的七种原因

再复杂的问题，都有其产生的根源，我们把企业问题产生的可能性归结为七个方面，分别为方向不明、目标不清、责任不明、方法不对、能力不足、意愿不强、氛围不正（图6-3）。

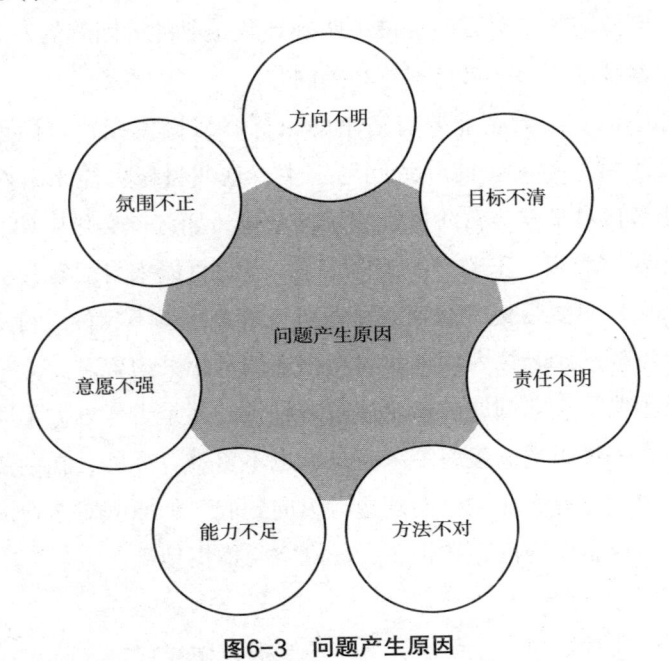

图6-3　问题产生原因

（1）方向不明。企业很多问题的产生都源于对发展方向定位不清楚，导致企业决策捉摸不定，员工行动忽左忽右、摇摆不停。

深圳有家实体企业想做互联网转型，有些人认为平台开发最关键，有些人认为圈粉很重要，有些人认为做大流量是根本，还有些人认为开发令客户尖叫的产品体验最靠谱，就在大家对未来把握捉摸不定的情况下，造成基层员工无所适从，大量离职，错失了大好的发展机遇。

杭州有家企业，爷爷是董事局主席、爸爸是股份公司董事长、儿子是股份公司总经理，在确定公司发展战略的问题上，"泥腿子"爷爷说要坚持专业化，"土鳖"爸爸说要坚持多元化，"海归"儿子说要国际化，在三代"老板"的指挥下，下属员工只能听嗓门大的。

广州有家企业，主要以对美出口为主，而对中美贸易摩擦引起的业绩增长困局，有些人认为应该通过做大国内市场来弥补，有些人认为应该借此机会转型，还有些人认为应该大力拓展欧洲、非洲及南美洲市场，而面对这么多的选择，企业一时竟然不知所措。

以上都是典型的由于对方向定位不明确导致企业种种问题的发生。关于经营方向的问题读者可以参阅本书第三章相关内容。

（2）目标不清。经营企业要有清晰的目标，目标模糊、目标过高、目标过低或者目标发生偏移都有可能导致问题发生，这些目标可能来自对未来发展的描述，也可能来自对日常经营阶段性成果的量化（如订单交付周期、新产品开发周期、生产计划达成率、采购成本下降等），还有可能来自对客户诉求的精准描述，不管怎么样，只要目标不清晰就可能造成员工理解不到位、行动不一致等问题发生。关于目标的问题读者可以参阅本书第四章相关内容。

（3）责任不明。企业问题的产生还有一种可能就是责任划分不明确，多个责任主体共同负责一件事情的最终结果就是谁也不负责。另外，在内部进行责任划分的时候往往由于没有按照"横向到边、纵向到底"的原则对企业的各项职能进行系统规划，造成企业内部存在很多责任真空与模糊地带。

很多人都听说过这样一个故事：有个小女孩从学校回来，试了一下妈妈买的新校服，发现裤子长了5厘米，在吃完饭的时候她就把这件事告诉了家人。等小女孩睡觉后姐姐记起了这件事情，她就按照小女孩说的把新校裤剪短了5厘米，然后就去睡觉了。妈妈忙完家务睡觉前也记起了裤子比较长的问题，妈妈也拿起剪刀剪短了5厘米。第二天一早奶奶第一个起床，她也记起了同样一件事，奶奶怕耽误小女孩上学，急急忙忙也给剪短了5厘米再缝好。等到小女孩起床穿上裤子，结果前一天长了5厘米的裤子反而短了10厘米，长裤变成了七分裤。

类似小女孩遇到的问题在很多企业层出不穷，很可能每天都在上演，归根结底都是由于责任没有分清楚造成的。

（4）方法不对。我们经常说：方法得当，事半功倍；方法不当，事倍功半。这句话证明了方法的重要性，在本人的拙作《学管理 用管理 会管理》一书中提到：优秀的管理者能够随人、随事、随时、随地的实施管理，针对不同的管理对象、不同的事情、不同的时间、不同的场合都应该采取不同的管理方法。处理任何事情都是这样，正确的方法很大程度上决定处理事情的结果。

有一个业主家里的水管损坏了，他先自己动手修理，在磨破手指、敲碎瓷砖却仍然没有搞定之后，终于决定打电话叫水电工人来。水电工到达以后，先检查水龙头，然后到地下室看了看主要的水管。他花了几分钟检查水管后从工具箱里取出一把橡胶槌子对着水管轻轻一敲，"啪"的一声，水龙头的水流出来了。临走前他写下账单："水管修理费50元。"业主火冒三丈，"这简直是抢劫！你只不过是敲了下水管，这我也做得到。"水电工回答："是的，你也会做，但是你却没这样做。而且，如果你这样做，很可能会把水管敲破。"业主要求水电工开一张逐项说明的账单。于是水电工开列了如下账单：维修交通费10元，选择工具敲打水管2元，知道敲哪以及如何敲打37元，敲打水管1元，合计50元。

这个故事的精髓在哪里？每个人都会敲水管，但是唯有专业人士能真正了解问题在什么地方，然后选择正确的工具作业，并且知道敲哪里以及如何敲，这就是用正确的方法做事的最佳例证。

在企业内部我们经常会看到很多低能力的员工花了很长时间做一件事情，结果是浪费了时间、精力及公司提供的资源，但由于方法不对，最终做出来的结果远没有达到企业的期望。

（5）能力不足。很多企业在用人方面觉得低能力的人工资低，所以总喜欢采用低能高岗的用人模式，殊不知，一个低能力的人与高能力的相比，虽然高能力人的用工成本会高，但高能力的人工作效率、工作质量也是低能力人无法比拟的，这是企业能力不足的一种表现；另外一种表现是企业臆想着让一个60分能力的人去干一份80分要求的事情，还要做出100分的工作业绩，这显然不合理；还有一种表现则是很多企业在确定战略、规划新业务的时候很少评估现有团队的能力，也很少先提升团队能力再实施高要求或者具有挑战性的新业务，结果由于能力不足而导致项目失败、目标无法达成。

诸如此类，都是由于能力不足造成的问题。

（6）意愿不强。面对企业的问题，很多人袖手旁观，很多人视而不见，也有人觉得事不关己、高高挂起，还有人总是喋喋不休地抱怨，以上这些都不是积极解决问题的态度。

全美最受尊崇的心理学家威廉·詹姆斯曾经说过:"我们的时代成就了一个伟大的发现——人类可以通过改变自己的态度进而改变自己的人生。"企业也是如此,企业内部的所有人员可以通过改变自己的态度和意愿提升企业的管理水平和经营能力,改善企业经营业绩,进而改变自己的人生。

(7)氛围不正。意愿不强是指员工个体的态度问题,而氛围不正则是指团队士气的集合,很多公司都笼罩着一层不求上进、互相推诿、各自为战,有成就争夺功劳、遇到问题就一走了之,各扫自家门前雪的"阴霾",整个团队死气沉沉,集体抑郁,这是企业存在问题当中最严重也是最可怕的。这种问题在很多成熟企业经常会遇到,也正是这些问题,往往会造成企业竞争力衰退,经营业绩下滑,企业需要慎重对待。

2. 发现问题的七种方法

发现问题,成功一半。关键点在于在明确问题产生原因后,找到发现问题的方法,找准牛鼻子,才能事半功倍。根据多年的实践,我们将发现问题的基本方法总结为:问卷调查、现场观察、关键人员访谈、标杆分析、绩效分析、头脑风暴、资料查阅(图6-4)。

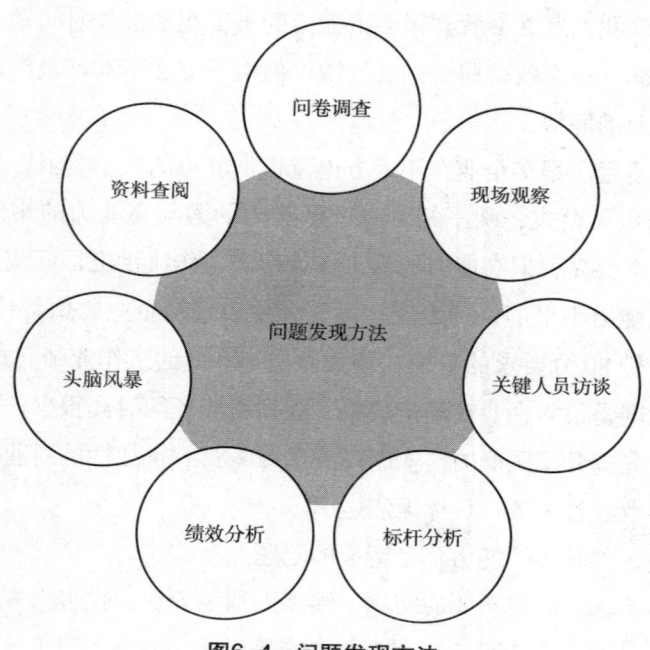

图6-4 问题发现方法

（1）问卷调查。问卷调查是最常见也是应用最广泛的发现问题的方法，员工满意度调查、员工敬业度调查、外部客户满意度调查、内部客户满意度调查、渠道满意度调查、管理成熟度调查、组织温度测评、培训需求调查等都是典型的问卷调查。

（2）现场观察。现场观察也是进行企业问题调查与分析的方法之一，通过工作（生活、生产）现场的观察，可以直接感受公司的文化氛围、员工士气、工作（生活、生产）环境、劳动保护、企业宣传等，同时在现场观察的过程中，也可以通过与员工交流，获取相关的有用信息。

（3）关键人员访谈。关键人员访谈是一种互动性和目的性都很强的发现问题的方法，通过访谈者对企业员工进行引导性的提问和交流，获取对诊断有帮助的直接和间接信息，进而去发现企业存在的问题。

（4）标杆分析。常言道：榜样的力量是无穷的，通过与先进标杆的对比可以知道自身的差距在哪里，帮助企业少走弯路，缩短追赶先进的时间，减少企业的风险成本与管理成本。

（5）绩效分析。企业可以通过 KPIs（基于战略的关键绩效指标）、KPIp（基于流程的关键绩效指标）、KPIo（基于职能的关键绩效指标）分别对战略绩效、流程绩效、职能绩效进行评价，进而发现企业存在的问题，还可以通过 KCIa（基于态度的关键素质指标）、KCIs（基于能力的关键素质指标）、KBI（关键行为指标）对员工综合素质及行为标准进行评价，进而发现员工自身存在的问题。

（6）头脑风暴。头脑风暴是集众人的力量，开诚布公地对企业存在的问题进行自由表达，是企业中常用的问题发现方法之一，如员工座谈会、民主生活会、职工代表大会、月度全员会等都是类似的方法。

（7）资料查阅。对企业现有资料、外部相关资料查阅和收集也是发现问题的重要渠道之一，通过企业过去经营过程中积累的资料查阅和收集，可以看到企业发展轨迹，同时对企业经营及管理也可以有一个全面的了解和认知。

根据问题产生的七种原因以及发现企业问题的七种方法，我们对不同问题的发现工具和方法对应归总如下（表6-1）：

当然，不同的方法在发现问题的时候企业还需要根据自己的实际情况，因地制宜地加以选择。

表6-1 问题产生原因及不同问题发现方法

问题产生原因	问题发现方法						
	问卷调查	现场观察	关键人员访谈	标杆分析	绩效分析	头脑风暴	资料查阅
方向不明			√		√	√	√
目标不清			√	√			√
责任不清	√			√		√	√
方法不对	√	√	√		√		
能力不足	√	√					
意愿不强	√	√	√		√		
氛围不正	√	√			√		

3. 如何正确描述问题

对于企业存在的问题，在不同人的眼中看到的情况是不同的，犹如"横看成岭侧成峰"，角度不同，看到的结果会截然不同，因此在企业内部建立正确的问题描述方法是非常关键的。

（1）5W1H描述问题法。5W1H是6个英文单词的首字母，分别为What（什么）、When（什么时候）、Where（在哪里）、Who（谁）、Which（哪个）、How（如何），企业可以利用这6个字母从6个方面对问题加以描述。

What（什么）：指什么事、什么问题、问题的表现是什么等。

When（什么时候）：指什么时候发生的、什么时候发现的、什么时候有问题的等。

Where（在哪）：指在哪发生的问题、在哪发现的问题等，具体到某个地点。

Who（是谁）：指什么人，谁发现的、谁造成的、是否是人为原因等。

Which（哪个）：指问题发生的频率、规律等。

How（如何）：指问题造成的影响是什么。

如表 6-2 所示，根据 5W1H 描述方式，第 1 个问题应该描述为：上周五客户专员在与客户沟通过程中第三次收到客户对产品质量的投诉，这次投诉可能导致 20% 的货款损失；第 2 个问题应该描述为：上午 10：05 分成品线作业人员发现二车间成品组装线已经连续 3 天发生停线事故，导致每周 12% 的产量损失。

表6-2 用5W1H进行企业问题描述

5W1H	问题1	问题2
What	客户投诉产品质量	成品组装线停了
When	上周五收到客户投诉单	在上午10：05分生产过程中
Where	在与客户沟通的过程中	二车间
Who	客户服务部客服专员	成品线作业人员
Which	第三次收到客户投诉	已经连续3天出现此问题
How	客户提出打折20%结算货款	损失每周12%的产量

（2）麦肯锡问题描述法。麦肯锡问题描述分为 3 个步骤：问题陈述、问题分解、去掉非关键因素。根据麦肯锡问题描述方法，我们发现企业一开始想要清晰地描述一个问题还是有一定难度的，在初步分析的基础上再去描述可能会更加准确。

麦肯锡问题描述法要求一个好的问题描述必须具备以下几个特点：

①只描述一个主要问题或可靠性很高的假设。

②具体陈述而非笼统说明。

③富有内涵，而不是对一种事实的简单罗列。

④具有极强的行动性。

⑤以决策者下一步所需要的行动为重点。

（3）8D 问题描述法。8D 是福特汽车公司处理问题的一种方法，适用于制程能力指数低于其应有值时对有关问题的解决，8D 提供了一套符合逻辑的解决问题的方法，同时对于统计制程管制与实际的品质提升架起了一座桥梁。8D 要求描述问题（Describe the Problem）尽可能量化而清楚地表达，并能解决中长期的问题而不是只有眼前的问题。8D 要求必须用量化的术语详细说明与该问题有关的内、外部顾客抱怨，如什么、地点、时间、程度、频率等，具体可参考"什么东西出了什么问题造成什么后果"这种句式表达。

企业用 8D 方式描述问题的时候必须注意以下几点：

①收集和组织所有有关数据以说明问题。

②问题说明是所描述问题的特别有用的数据的总结。

③审核现有数据，识别问题、确定范围。

④细分问题，将复杂问题细分为单个问题。

⑤问题定义，找到和顾客所确认问题一致的说明，"什么东西出了什么问题"。

四、分析问题，抽丝剥茧

明·洪楩《清平山堂话本·蓝桥记》中说："安绶悯纪，无行云流水之势，但如抽丝剥茧之行而为之，故望此云，无望得众。"

发现问题有方法，尽早发现，及时解决更加关键。但在企业正式解决问题之前，还有一项非常关键的事情要做，而且直接关系到问题解决的效率和效果，那就是抽丝剥茧地对每个问题进行分析。

分析问题有很多成熟的工具和方法，常见的有以下七种：六顶思考帽、逻辑树、5W2H、思维导图、鱼骨图、SCQA、DMAIC，针对不同问题选择最佳分析工具十分重要（图 6-5）。

（1）六顶思考帽。六顶思考帽是英国学者爱德华·德·博诺博士开发的一种思维训练模式，或者说是一个全面思考问题的模型。它提供了"平行思维"的工具，避免将时间浪费在毫无价值的互相争执上。六顶思考帽强调的是"能够成为什么"，而非"本身是什么"，是寻求一条向前发展的路，而不是争论谁对谁错。运用德博诺的六顶思考帽，将会使混乱的思考变得更清晰，使团体中无意义的争论变成集思广益的创造，使每个人变得富有创造性。

根据爱德华·德·博诺的《六顶思考帽》一书，企业在进行问题分析的时候，学会用六顶思考帽便可直观、简单地找到问题的真实原因（表 6-3）。

第六章 精于解决问题

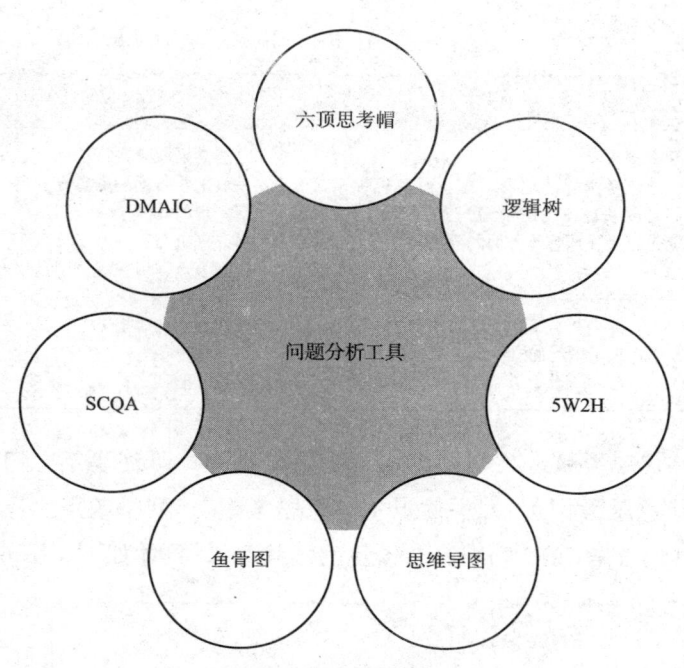

图6-5 问题分析工具

表6-3 六项思考帽思维模式对比

思考帽	特征	分析问题的倾向
白色思考帽	中立而客观、追求客观事实与数据	我们有哪些信息 我们还需要哪些信息
绿色思考帽	绿色代表茵茵芳草，象征勃勃生机；绿色思考帽寓意创造力和想象力	有什么不同的想法 新的想法、建议是什么 可能解决的办法和行动过程是什么 有哪些新的选择
黄色思考帽	黄色代表价值与肯定。戴上黄色思考帽，人们从正面考虑问题，表达乐观的、满怀希望的、建设性的观点	为什么这个值得去做 这样做会带来哪些好处 为什么可以做这件事情 它会起到什么作用
黑色思考帽	黑色代表阴沉、负面的，考虑事务的负面因素	这是真的吗 它起什么作用 真的对我们有价值吗 缺点是什么

续表

思考帽	特征	分析问题的倾向
红色思考帽	红色是情感的色彩。戴上红色思考帽，人们可以表现自己的情绪，人们还可以表达直觉、感受、预感等方面的看法	可能会采取哪些行动 采取这些行动的资源充分吗 下一步的具体工作计划是什么 由谁来负责 控制节点、里程碑分别是什么
蓝色思考帽	蓝色思考帽负责控制和调节思维过程	我们现在在哪里 将去哪里 如何才能到达

另外，六顶思考帽分析问题的六个步骤分别为：陈述事实（白色思考帽）、提出建议（绿色思考帽）、列举优点（黄色思考帽）、列举缺点（黑色思考帽）、直觉判断（红色思考帽）、归纳总结（蓝色思考帽），具体如下（图6-6）：

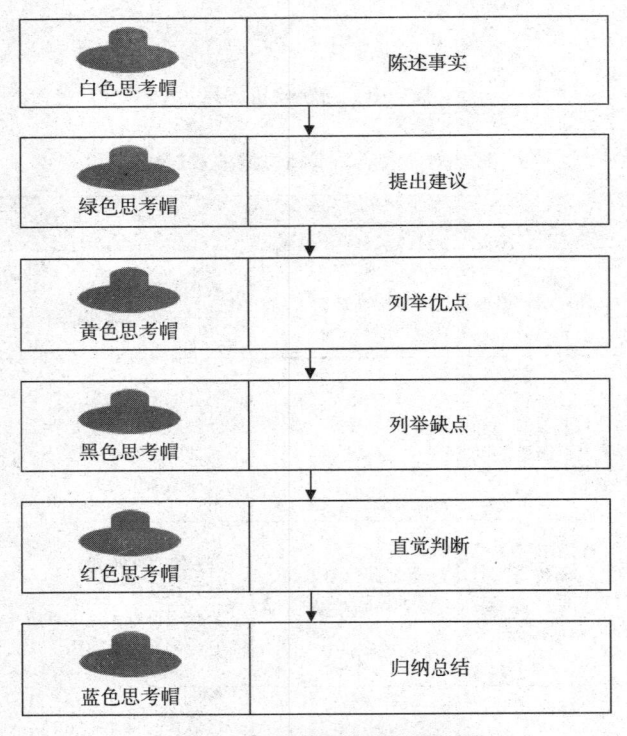

图6-6　六顶思考帽问题分析流程

①戴上"白色思考帽"，来思考搜集各环节的信息，收取各个部门存在的问题，找到问题的基础数据。

②戴上"绿色思考帽",用创新的思维来考虑这些问题,不是一个人思考,而是各层次管理人员都用创新的思维去思考,大家提出各自解决问题的办法、好的建议、好的措施。也许这些方法不对甚至无法实施,但是运用创新的思考方式可以引导大家跳出一般的思考模式。

③戴上"黄色思考帽",对所有想法从"正面、积极、肯定"的角度进行逐个分析。

④戴上"黑色思考帽",对所有想法从"负面、阴沉、否定"的角度进行逐个分析。

注意:通过"黄色思考帽"和"黑色思考帽"对所有的想法从"光明面"和"良性面"进行逐个分析,对每一种想法的危险性和潜在隐患进行分析,找出最佳切合点。"黄色思考帽"和"黑色思考帽"这两种思考方法就好像是孟子的性善论和性恶论,或者像赫茨伯格的 X 理论和 Y 理论,都能进行肯定或者否定,从正反两方面进行分析。

⑤戴上"红色思考帽",从经验、直觉上对已经过滤的问题进行分析、筛选,做出决定。

⑥在分析问题的过程中,还应随时运用"蓝色思考帽",对思考的顺序进行调整和控制,甚至有时还要刹车。因为,观点可能是正确的,也可能会进入死胡同。所以,在整个思考过程中,应随时调换思考帽,进行不同角度的分析和讨论。

(2)逻辑树。逻辑树又称问题树、演绎树或分解树等,是知名咨询公司麦肯锡提出的一种分析问题的工具,逻辑树是将问题的所有子问题分层罗列,从最高层开始,并逐步向下扩展。

用逻辑树分析问题的时候将已知的问题当成树干,然后开始考虑这个问题和哪些相关问题或者子任务有关。每想到一点,就给这个问题(也就是树干)加一个"树枝",并标明这个"树枝"代表什么问题。一个大的"树枝"上还可以有小的"树枝",以此类推,找出问题的所有相关联项目。逻辑树主要是帮助你理清自己的思路,不进行重复和无关的思考。

为了让读者能够更加简单地掌握逻辑树这种问题分析工具(图6-7),大家可以将已知的问题视为冰山的上半部分,往往这些问题是看得见、摸得着的,但它是不是问题的本质,或者问题产生深层次的原因是什么呢?根据逻辑树分析原理，我们把问题产生的原因分为近因、过渡因、远因三种，即企业在分析问题的时候，一定要弄清楚这个问题产生的原因（近因）的原因（过渡因）的原因（远因）。

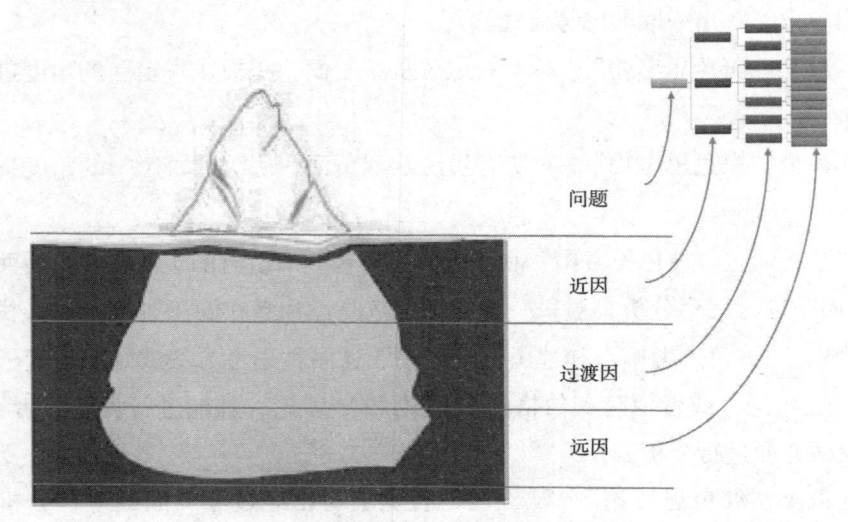

图6-7　逻辑树问题分析法（示意）

请注意：用逻辑树分析问题的时候，把发现的问题描述在逻辑树的主干上，然后依次将近因、过渡因、原因展开就好了。

（3）5W2H。5W2H分析法又叫七问分析法，是第二次世界大战中美国陆军兵器修理部首创。简单、方便，易于理解与使用，同时富有启发意义，广泛用于企业管理和技术活动，对于决策和执行性的活动措施也非常有帮助，也有助于弥补考虑问题的疏漏（图6-8）。

发明者用5个以"W"开头的英语单词和2个以"H"开头的英语单词设问，发现解决问题的线索，寻找发明思路，进行设计构思，从而搞出新的发明项目，这就叫作5W2H法，5W2H分别代表：

What：是什么？目的是什么？做什么工作？

Why：为什么要做？原因是什么？

Who：谁？由谁来做？

When：何时？什么时间做？什么时机最适宜？

Where：何处？在哪里做？

How：怎么做？如何提高效率？如何实施？方法是什么？

How Much：多少？做到什么程度？数量如何？质量水平如何？费用产出如何？

What 是什么 做什么工作

Why 为什么要这么做 原因是什么

Who 由谁来承担 谁来完成 谁负责

When 什么时机最适宜 什么时间完成

Where 在哪里做 从哪里入手

How 怎样的方法 如何实施

How Much 做到什么程度 数量如何 花费多少

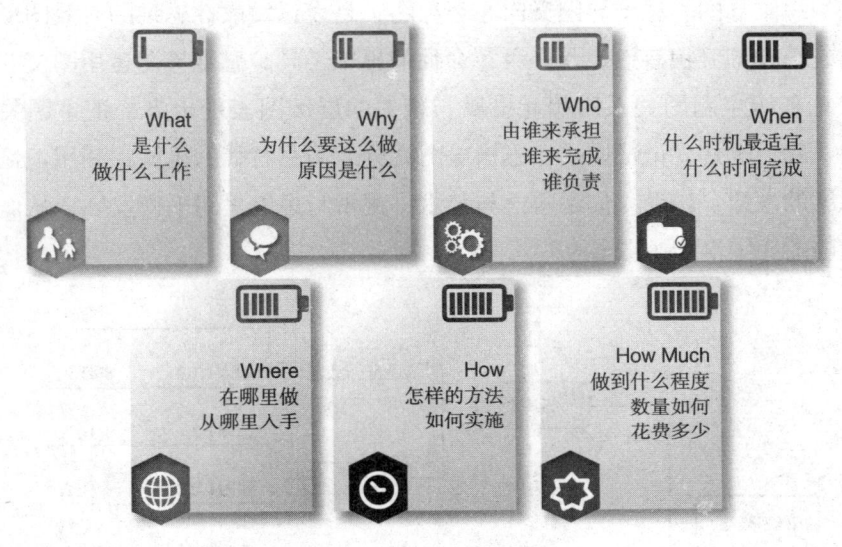

图6-8　5W2H问题分析法

企业可以将5W2H运用到对内部问题分析中来，为了快速、准确运用5W2H分析问题，企业可以按照表6-4进行。

表6-4　5W2H的28问

5W2H	1层次	2层次	3层次	4层次	结论
What	什么事情、什么问题	为什么做这个事情	有更合适的事情吗	为什么是更合适的事情	定事
Why	什么原因	为什么是这个原因	有更合适的理由吗	为什么是更合适的理由	定因
Who	是谁	为什么是他	有更合适的人吗	为什么是更合适的人	定人
When	什么时候	为什么在这个时候	有更合适的时间吗	为什么是更合适的时间	定时
Where	什么地点	为什么在这个地点	有更合适的地点吗	为什么是更合适的地点	定位
How	如何去做	为什么采用这种方法	有更合适的方法吗	为什么是更合适的方法	定法
How much	花费多少	为什么要这些花费	有更合理的花费吗	为什么是更合理的花费	定费

通常情况下，只要企业对存在的问题问清楚，提出7个维度4个层次共计28个问题之后，问题的分析就一目了然了。

（4）思维导图。思维导图又叫心智导图，是表达发散性思维的有效图形思维工具，它简单却又很有效，是一种革命性的思维工具。思维导图运用图文并重的技巧，把各级主题的关系用相互隶属与相关的层级图表现出来，把主题关键词与图像、颜色等建立记忆链接。思维导图充分运用左右脑的机能，利用记忆、阅读、思维的规律，协助人们在科学与艺术、逻辑与想象之间平衡发展，从而开启人类大脑的无限潜能（图6-9）。

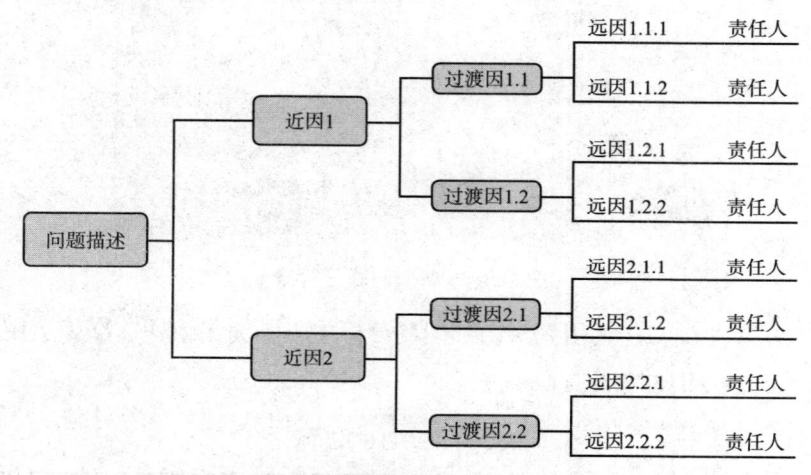

图6-9 思维导图问题分析法

思维导图由英国人东尼·博赞提出，他因创建了"思维导图"而以大脑先生闻名国际，成为英国头脑基金会的总裁，身兼国际奥运教练与运动员的顾问，同时也担任英国奥运划船队及西洋棋队的顾问；又被遴选为国际心理学家委员会的会员，是"心智文化概念"的创作人，也是"世界记忆冠军协会"的创办人，发起心智奥运组织，致力于帮助有学习障碍者，同时也拥有全世界最高创造力IQ的头衔。

思维导图的应用领域非常广泛，可以用来整理读书笔记、构建框架逻辑、罗列工作重点、整理会议纪要、归集发散性思维，同时现在很多企业也将思维导图运用于内部问题的分析与解决。

用思维导图进行问题分析的时候可以按照以下七个步骤进行：

①发现问题并对问题现状量化描述。根据前面介绍的各种方法发现并清晰描

述企业存在的问题是利用思维导图进行问题分析的第一步。

②确定问题分析方法。很多时候思维导图仅为问题呈现的一种方法，针对不同问题企业可以选择最佳的分析方法，根据我们的经验，思维导图若能与企业分析方法结合使用效果会更佳。

③分析问题产生的原因。罗列问题产生的种种原因，企业可以先罗列问题产生的责任部门，也可以直接罗列问题产生的原因。

④针对各种原因提出解决方案。

⑤提出问题优化目标，并根据 80/20 原则确定解决方案的优先级。

⑥解决方案策略规划并确定实施计划。

⑦实施计划进度跟踪与评价。

企业用思维导图分析问题的时候可以用专门的思维导图软件，如 Mindjet MindManager、MindMaster、XMind 等，也可以手工绘制，而且手工绘制的视觉感会更好，一幅优秀的手工绘制思维导图不仅仅可以体现绘图者本人的美术功底，也可以清晰地看出绘图者本人的逻辑思维。但不论用专业软件，还是手工绘制，思维导图已经成为当下企业进行问题分析的常用工具之一。

（5）鱼骨图。鱼骨图，又名因果图，指的是一种发现问题"根本原因"的分析方法。鱼骨图是由日本管理大师石川馨所发明，故又名石川图。鱼骨图的特点是简捷实用，深入直观。它看上去有些像鱼骨，问题或缺陷标在"鱼头"处。在鱼骨上长出鱼刺，上面按出现机会多寡列出产生问题的可能原因，有助于说明各个原因之间是如何相互影响的。

企业用鱼骨图分析问题的时候，头尾间用粗线连接，就如脊椎骨。在鱼尾填上问题或现状，鱼头代表了目标，脊椎就是达成过程的所有步骤与影响因素。想到一个因素，就用一根鱼刺表达，把能想到的有关项都用不同的鱼刺标出。之后再细化，对每个因素进行分析，用鱼刺分支表示每个主因相关的元素，还可以继续三级、四级分叉找出相关元素。这样经过反复推敲后，一张鱼骨图就有了大体框架。针对每个分支、分叉寻找解决方案。最后，把所需工作、动作以及遗留问题进行归类。这样就很容易发现，哪些是困扰当前关心项的要因，该如何去解决与面对，哪些可以马上解决，需要调动哪些资源等（图 6-10）。

鱼骨图有些类似树状图，都是分析思考、理清思路、找出问题点的工具。对问题要刨根问底，鱼骨图就是帮助我们全面系统了解问题、细化问题的利器。

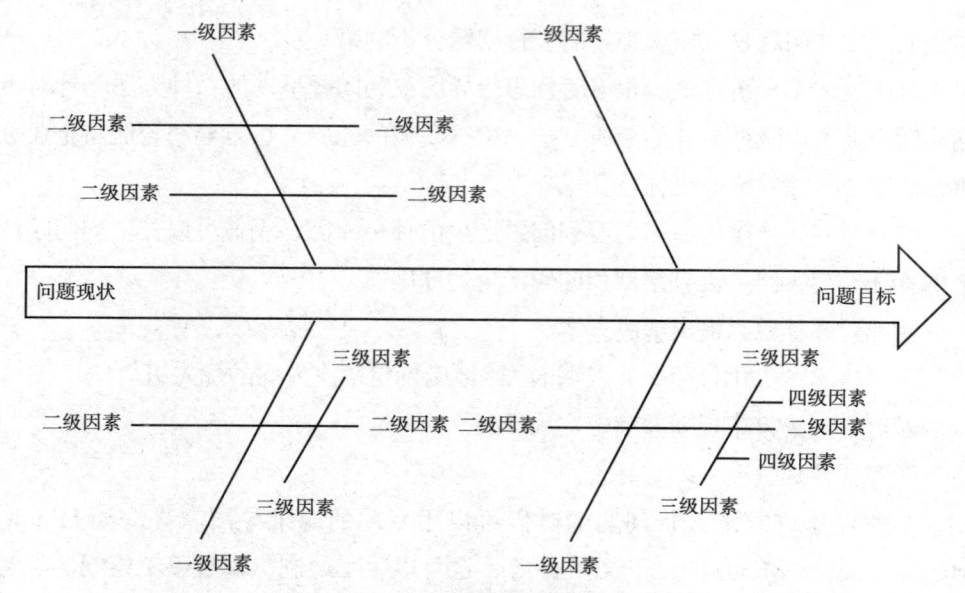

图6-10 鱼骨图问题分析法

（6）SCQA。SCQA 分析是按照描述情景（Situation）—具体冲突（Complication）—澄清问题（Question）—给出答案（Answer Analysis）等几个步骤对问题进行分析的一种工具，是麦肯锡咨询顾问芭芭拉·明托在《金字塔原理》一书中提出的。

所谓 SCQA 分析，是通过描述当事者的心理及状况，在发生问题的过程中，以设问的方式刻画出问题的真实原因。SCQA 分析由四个步骤构成：

①具体描述当事者的价值观、具有特色的行动准则等。

②描述现状。

③假设一个事件或障碍，颠覆稳定的现状。并针对这个问题，假设一个对主角而言最重要的疑问。

④提出解决问题的手段和方法。

很明显，SCQA 分析可以有效帮助缺乏前瞻性及战略思想的企业提前预判及发现问题，尽早提出预防措施。

（7）DMAIC。DMAIC 具体是指定义（Define）、测量（Measure）、分析（Analyze）、改进（Improve）、控制（Control）五个阶段构成的过程改进方法，一般用于对现有流程的改进，包括制造过程、服务过程以及工作过程等。

①定义。界定核心流程和关键顾客，站在顾客的立场，找出对他们来说最重

要的事项，也就是"品质关键要素"。

②测量。找出关键测量维度，为流程中的瑕疵建立衡量基本步骤。参与人员必须接受基础概率与统计学的训练及学习统计分析软件与测量分析课程。为了不造成员工的沉重负担，一般让具备六西格玛实际推行经验的人带着新手一同接受训练，帮助新手克服困难。对于复杂的演算问题，可借助自动计算工具，减少复杂计算所需的时间。

③分析。探究误差发生的根本原因。运用统计分析，检测影响结果的潜在变量，找出瑕疵发生的最重要根源。

④改善。找出提升关键指标和质量特性的最佳解决方案，然后拟订行动计划，确保执行。

⑤控制。确保所做的改善能够持续下去。不断测量，才能避免错误再度发生。在过去许多流程改善方案里，往往忽略了控制的观念，而在六西格玛改进中，控制是它能长期改善品质与成本的关键。

虽然 DMAIC 分析法在六西格玛管理中应用很普及，但现在越来越多的企业也用 DMAIC 分析法来分析经营过程中出现的其他问题。

五、解决问题，庖丁解牛

庄子在他的作品《庖丁解牛》中这样说："手之所触，肩之所倚，足之所履，膝之所踦，砉然向然，奏刀騞然，莫不中音。合于《桑林》之舞，乃中《经首》之会。"可见庖丁解牛的技艺有多高超。

针对如此高超的技艺庖丁是这样解释的："臣之所好者，道也，进乎技矣。始臣之解牛之时，所见无非牛者。三年之后，未尝见全牛也。方今之时，臣以神遇而不以目视，官知止而神欲行。"可见，庖丁确实是一位"解牛"的高手。

企业内部解决问题何尝不是这个道理，企业内部的 A 级选手又何尝不是各个环节的"庖丁"呢？因为只有 A 级选手才懂得"方今之时，臣以神遇而不以目视，官知止而神欲行"的道理。

1. 问题不能量化就难以解决

通常我们对一个问题进行量化的时候，可以从质量、数量、时间和成本四个维度来描述。

Q（Quantity 数量）：在规定条件下完成工作的数量，数量维度的指标一般采用个数、时数、次数、人数、项数、额度等表示。

Q（Quality 质量）：在规定条件下完成工作的质量，质量维度的指标通常采用比率、评估结果、及时性、满意度、准确性、达成率、完成情况、合格率、周转次数等表示。

T（Time 时间）：在规定条件下完成工作的时间，时间维度的指标通常采用完成时间、批准时间、开始时间、结束时间、最早开始时间、最迟开始时间、最早结束时间、最迟结束时间等表示。

C（Cost 成本）：在规定条件下完成工作所耗费的成本，成本维度指标通常采用费用额、预算控制等表示。

其实，我们在量化一个问题时候，通常都是根据以上几个维度进行综合量化的，只不过有时候是单独从某一个维度进行量化，而有时候是从两个或三个甚至四个维度进行量化的。

2. 明确问题改善目标

对各个主问题及子问题或者主原因及子原因都进行量化描述是解决问题的第一步，正式解决问题之前还需要明确每个问题的改善目标，改善目标是从主问题开始，先了解目前的现状，然后再根据实际提出改善目标，主问题提升目标清晰之后再确定各个子问题或者不同层面原因的改善目标。

深圳有家企业，主要从事 LED 照明系统研发及销售，由于行业竞争加剧，客户对订单准时交付率指标的关注度越来越高，过去该企业承诺客户的标准订单交付周期为 11 天，后来压缩到 9 天，而根据该企业的实际情况，客户订单 9 天准时交付率很低，仅为 20% 左右。我们对该企业面临的这一问题按照逻辑树进行了分析，如表 6-5 所示。

可以看出，造成该企业订单准时交付的近因有 6 个，分别为销售原因、采购原因、研发原因、资材原因、生产原因和物流原因，而采购原因的过渡因有 3 个，分别为原料供货周期太长、原料供应品质异常、OEM 工厂能力不足，造成原料供应品质异常的远因又有两个：供应商品质体系不健全、供应商评估体系不完善，同时造成OEM工厂能力不足的远因是OEM工厂评估体系不完善。按照表6-5的层层分析，我们就很容易找到导致该企业订单准时交付低的真实原因。

表6-5 深圳某LED照明企业订单准时交付问题逻辑树

问题	近因	过渡因	远因
订单准时交付	销售原因	客户订单变更频繁	订单计划性不强
		订单描述不清晰	缺乏订单录入描述规范
			录单人员能力不足
	采购原因	原料供货周期太长	
		原料供应品质异常	供应商品质体系不健全
			供应商评估体系不完善
		OEM工厂能力不足	OEM工厂评估体系不完善
	研发原因	面向订单的开发周期太长	研发人员能力不足
			研发项目管理体系缺失
	资材原因	计划制订不合理	
		物料排单不准确	
	生产原因	产能利用率低下	
		人员配置不足	
		计划总是不能准时结单	
	物流原因	成品不能及时送达客户	发货准时率较低

为了帮助该企业解决这一问题，我们首先要明确问题原因的责任人，如表6-6所示。

责任明确后，为了达到该企业订单9天准时交付率从目前20%提升到90%的问题改善目标，我们又对主要原因的改善目标进行了量化，如表6-7所示。

表6-6 深圳某LED照明企业订单准时交付问题原因责任人

问题	近因	过渡因	远因	责任部门
订单准时交付	销售原因	客户订单变更频繁	订单计划性不强	销售部
		订单描述不清晰	缺乏订单录入描述规范	销售商务部
			录单人员能力不足	销售商务部
	采购原因	原料供货周期太长		采购部
		原料供应品质异常	供应商品质体系不健全	SQE
			供应商评估体系不完善	SQE
		OEM工厂能力不足	OEM工厂评估体系不完善	SQE
	研发原因	面向订单的开发周期太长	研发人员能力不足	硬件部、软件部
			研发项目管理体系缺失	研发项目部
	资材原因	计划制订不合理		PMC
		物料排单不准确		采购部
	生产原因	产能利用率低下		设备部
		人员配置不足		制造部
		计划总是不能准时结单		制造部
	物流原因	成品不能及时送达客户	发货准时率较低	物流部

表6-7 深圳某LED照明企业订单准时交付问题改善目标

问题	近因	过渡因	远因	责任部门
9天客户订单交付率（从20%至90%）	销售原因	客户订单变更次数（从10次/周至5次/周）	订单计划交付率（从20%至90%）	销售部
		订单录入差错次数（从20次/周至8次/周）	订单录入规范出台时间（3月20日前）	销售商务部
			录单人员考核合格率（从45%至95%）	销售商务部

续表

问题	近因	过渡因	远因	责任部门
9天客户订单交付率（从20%至90%）	采购原因	原料供货周期（从7天到4.5天）		采购部
		原料检验一次合格率（从78%至92%）	供应商品质体系完备性（从65分至85分）	SQE
			供应商评估体系完备性（从65分至85分）	SQE
		OEM工厂产能（从3000万件/月至3800万件/月）	OEM工厂评估体系完备性（从65分至85分）	SQE
	研发原因	新品开发周期（从3.5天至1.5天）	研发人员适岗率（从62%至85%）	硬件部、软件部
			研发项目管理体系评价结果（从63分至87分）	研发项目部
	资材原因	生产计划变更次数（从5次/周至3.5次/周）		PMC
		物料采购计划变更次数（从6次/周至3次/周）		采购部
	生产原因	产能有效利用率（从63%至81%）		设备部
		产线员工空缺率（从3.5%至1.5%）		制造部
		生产计划达成率（从58%至75%）		制造部
	物流原因	成品物流延误次数（从16次/周至5次/周）	发货差错次数（从12次/周至7.5次/周）	物流部

3. 如何确定解决问题的责任人

有一本书叫作《别让猴子跳回背上》，这本书是由威廉·安肯企管顾问公司总裁威廉·安肯三世写的。在这本书中，威廉·安肯三世将责任或者问题比作猴子，他提出谁的猴子谁背着，千万不要将别人的猴子背在自己背上，也要注意不要让自己的猴子跳到别人的背上，这本书对于那些办公室内文件堆积如山、电子信箱邮件爆满、OA上待处理事项迟迟不能解决、工作分配无效、下属总喜欢将问题上交与请示等发生在管理者身上的问题给予了有效引导。

企业在解决问题之前，必须明确问题解决的直接责任人，而且责任人越明确越好，越能有效将问题消灭掉。

需要注意的是，在确定问题解决责任人的时候，一定是从远因开始，而且每个远因对应的责任人最好只有一个，如果发现有些远因是需要两个或者多个责任人去解决的，最佳的做法就是对问题产生的原因再分解，直到每个远因对应一个责任人为止。

4. 确定问题解决的优先级

每个问题的背后都可能有多个原因，每个原因又可能存在一个或多个衡量目标，那么究竟哪个原因先解决，哪个原因后解决，按照80/20原则发现并彻底解决影响对问题改善目标有80%影响的20%关键问题。

关于问题的优先级，麦肯锡的具体做法是把问题按照重要度、紧急度进行区分，首先解决的问题一定是紧急度高、重要度高的问题，其次是紧急度高、重要度低的问题，对于紧急度低、重要度高的问题想办法提前解决，而对于那些紧急度低、重要度低的问题一定要授权去解决，而且最好能提前解决（图6-11）。

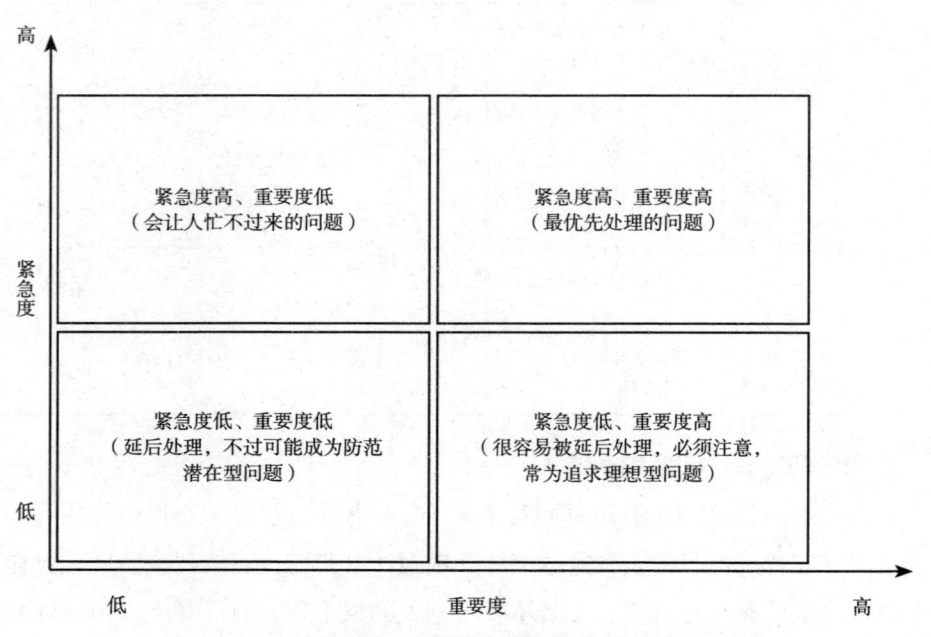

图6-11 问题解决优先级排序

还有一个需要思考的问题点是企业在考虑问题解决优先顺序的时候，一定坚持80/20原则，同时还要考虑到资源充足性和问题解决措施的可实施性。

六、杜绝问题，绝薪止火

《吕氏春秋·尽数》中说："扬汤止沸，沸愈不止，去火则止矣。"可见，杜绝问题的最高境界不是隔靴搔痒般的徒劳无功，而是要切中要害，绝薪止火，一步到位。

企业很多问题看似已经解决了，但谁又能保证下次不再重复发生。一旦发生，如何更加高效地加以解决呢？这就需要企业建立问题杜绝机制。

1. 优化"发现问题—分析问题—解决问题—杜绝问题"流程

前面我们提到了企业发现问题、分析问题及解决问题的方法、技巧及需要注意的事项，企业在解决问题的时候绝对不可以就事论事，想当然地认为问题解决完了之后就结束了。请记住：缺乏杜绝机制的解决问题仅仅是就问题而谈问题，只有把发现问题、分析问题、解决问题的过程形成规范及标准，让后来人遇到类似问题的时候直接拿前人已经形成的规范及标准参考执行就好了，这样的话以后解决问题效率高了，企业也可以省出更多的时间去解决其他重要的问题。

我们把问题解决的核心流程分为五个核心步骤（图6-12）：

（1）最想得到什么结果？解决问题前通过系统分析，首先要找到问题解决关键路径，并明确问题解决总体目标及每项子问题或者子原因对应的改善目标。记住：目标设定越清晰，问题改善方向越明确。

（2）以什么样的方式？总目标确定后，必须按照问题解决计划7个要素，结合SMART原则制订可执行的问题解决计划。

（3）付出什么样的代价？计划的执行在很大程度上取决于资源是否充分，资源保障计划项目的执行和落地。

（4）如何有效执行？有了计划，如果不去严格执行的话，充其量只是一堆废纸，只有保证问题解决计划不折不扣地执行，才能确保问题改善目标顺利达成。

（5）怎样才能杜绝？杜绝问题最好的办法就是建立"机制"，关于如何建立机制的问题，我们在后面再详细说明。

```
        最想得到什么结果（目标）

       以什么样的方式（计划）

      付出什么样的代价（资源）

     如何有效执行（过程）

    怎样才能杜绝（机制）
```

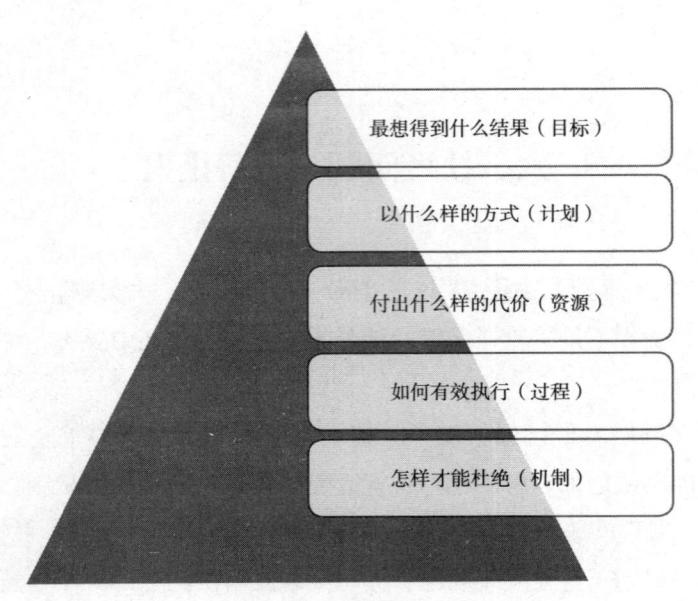

图6-12　问题解决流程

2. 杜绝问题是解决问题的最高境界

永远都不要指望能够把企业存在的问题全部消灭完，建立"发现问题—分析问题—解决问题—杜绝问题"机制最关键。

根据我们的经验，一个好的机制必须由三部分构成：

（1）流程指引、表单支撑、制度保障。当企业把一个问题彻底解决之后，为了让后人能够快速掌握解决问题的方法，最好的办法就是建立流程，让其他人一目了然就清楚哪些部门、哪些岗位曾经参与了此问题的解决过程，解决这一问题具体有哪些步骤，每个步骤的输入与输出分别是什么，每个步骤的里程碑又是什么。同时，为了保证流程可实施，企业还需要建立相关表单。另外，流程清楚后，对于一些有特殊要求的地方，还必须明确相关规定，形成制度。最终形成流程指引、表单支撑、制度保障的问题解决机制。

（2）组织保障。在问题解决之前，企业可能存在不知道谁去解决，在具体问题解决的时候又会针对不同子问题或子原因的解决指定具体的责任人，但问题一旦解决，就必须第一时间对部门职能、岗位职责进行优化，最终形成严密的问题解决组织保障体系；同时按照问题解决过程中对人的要求，及时完善岗位任职资格体系，并对问题解决责任人进行相应培训，让其具备解决类似问题的能力。

（3）评价与衡量。解决任何问题不可能一劳永逸，最常见的做法是当企业第一次遇到某项问题的时候把它当成例外性问题加以解决，问题一旦解决就必须明确流程、制度、表单及责任主体，之后当类似问题再次发生的时候就可以当成例行性问题按照相关流程执行，这时候企业便可以通过绩效评价、管理审计等手段保证问题解决效率持续提升。

七、做一个善于解决问题的A级选手

作为一名A级选手，必须成为企业解决问题的带头人，因为A级选手更懂得工作的本质以及解决问题的意义。

1. 工作的本质就是解决问题

我曾经去过深圳一家企业，在该企业文化宣传栏中看到这样一句话："公司请你来的目的是解决问题，如果公司没有问题，你将立刻失业。"这句话虽然有点难听，但这就是现实，如果一名员工不能帮助企业解决问题，那大家要想想，企业请这位员工来的价值何在？

（1）工作的本身就是解决问题。我们随便翻开一份"岗位说明书"或者"部门职能规划"，就可以发现每个岗位、每个部门在企业中都会承担若干项工作职能，每项职能的背后都隐藏着需要部门、岗位需要解决的问题。

（2）工作的本质其实是一种责任。从表面上看，工作是为了帮助企业解决问题，但解决问题有很多种方式，解决问题的时候员工也会有很多种看法，究竟是把工作中的问题看作是自己的问题呢，还是当成公司的问题、部门的问题，不同的看法注定了员工解决问题时的专注度以及解决问题的效果与质量。在现实当中，我们看到很多员工抱着"打工心态""做一天和尚撞一天钟""得过且过""这山望着那山高"的心态，试想一下这些员工能够把问题解决到极致吗，我想这是一件很难的事情。

因此，我觉得有必要让员工清晰地认识到工作的本质其实就是一种责任，就是一种自己对组织、对企业、对目标的一种承诺。为了提升员工对工作的责任感，美国学者约翰·米勒在《问题背后的问题》一书中提出了几条经典的个人责任提升原则：

个人责任不是通过改变他人，而是通过改变自己力求解决问题。

个人责任不是抱怨团队，而是要充分认识个人的力量。

个人责任就是要适应变化，不断完善自我。

个人责任就是利用现有的资源和工具实现组织目标。

个人责任就是要做出具有积极作用的选择。

个人责任就是要不断自问"我还能做什么？""我已经做得够好了吗？""哪些地方还能做得更好？"……

总之，培养和引导员工具备良好的责任感是解决好工作中面临问题的前提，也会让员工真正体会到工作带来的乐趣。

2. 你在公司地位的高低取决于你能解决多大的问题

这句话表面上很好理解，但真正做到的人少之又少，为了能够让读者朋友清晰地理解这一道理，我给大家讲一个关于两副担子的故事。

在大家面前有两副重量不同的担子，其中一副担子为 100 斤，另外一副担子为 150 斤，要求是将担子挑到 1000 米之外的地方，不管你选哪副担子，如果顺利挑过去的话会得到 100 元的酬劳，现在请每个人自由选择，请问大家选择哪一副担子？我想绝大多数的人都会选 100 斤的担子，因为两副担子付出的劳动是不同的，但获得的酬劳是相同的。

我们把两副担子的故事引申一下：150 斤的担子比作一个比较复杂的问题，100 斤的担子比作一个比较简单的问题，大家再来选一下。我估计现在就有一小部分人会觉得总是解决简单的问题没什么意义，虽然酬劳相同，但还是想通过解决比较复杂的问题来锻炼自己的能力和体现自己的价值。

接下来我们把两副担子的故事再引申一下：150 斤的担子代表一个比较重要的职位，100 斤的担子代表一个不太重要的职位，这时候再来让大家选择一次。我想绝大多数人都会选择 150 斤的担子，因为比较重要的职位代表着在公司的价值比较高。

大家发现没有，虽然得到的酬劳都是相同的，但随着对担子内容的不断引申和演变，大家的选择发生了巨大的变化，为什么呢？这就是我一开始所说的，虽然每个人都能从字面上理解"你在公司地位的高低取决于你能解决多大的问题"这句话，但真正能够做到的人少之又少的原因。大家试想一下，一个总是挑 100 斤担子的人，企业会有信心给他一副 150 斤的担子吗？那是绝对不可能的。

企业一定会把 150 斤的担子给能够挑得起 150 斤担子的人，这就是我们通常所说的机会永远是留给有准备的人。只有将自己挑担子的本领练强了，才会有机会挑 150 斤的担子。即便是自己已经具备了挑 150 斤担子的能力，而企业一时半会儿又不能给员工相应的职位发展机会，对于员工来讲，其实也没有亏，员工要想清楚的是自己用企业的"麻袋"练壮了自己的"肩膀"。

3. 有解决问题的能力，个人的专业才能得到充分发挥

在信息大爆炸、信息碎片化、知识更新日新月异的今天，绝对不能因为掌握了某个领域的相关知识和技能就觉得自己的职业生涯稳如泰山。随着企业经营环境越来越严苛、竞争对手越来越强大、管理技术日新月异、产品迭代速度越来越快、客户诉求越来越刁钻等，现在企业面临的问题越来越复杂，只有不断提升自己解决问题的能力，个人的专业才能才会得到充分发挥，员工在企业的价值才能得到最大化体现。

4. 学会做一个善解疙瘩的人

鲁国有一个乡下人，送给宋元君两个用绳子结成的疙瘩，并说希望能有解开疙瘩的人。

于是，宋元君向全国下令说："凡是聪明的人、有技巧的人，都来解这两个疙瘩。"

宋元君的命令引来了国内的能工巧匠和许多脑瓜子灵活的人。他们纷纷进宫解这两个疙瘩，可是却没有一个人能够解开。他们只好摇摇头，无可奈何地离去。

有一个叫倪说的人，不但学识丰富、智慧非凡，就连他的弟子也很了不起。他的一个弟子对老师说："让我前去一试，行吗？"

倪说信任地点点头，示意他去。

这个弟子拜见宋元君，宋元君叫左右拿出绳疙瘩让他解。只见他将两个疙瘩打量一番，拿起其中一个，双手飞快地翻动，终于将疙瘩解开了。周围观看的人发出一片叫好声，宋元君也十分欣赏他的能干聪明。

第二个疙瘩还摆在案上没动静。宋元君示意倪说的这个弟子继续解第二个疙瘩。可是这个弟子十分肯定地说："不是我不能解开这个疙瘩，而是这疙瘩本来就是一个解不开的死结。"

宋元君将信将疑，于是派人找来了那个鲁国人，把倪说弟子的答案说给他听。那个鲁国人听了，十分惊讶地说："妙呀！的确是这样的，摆在案上的这个疙瘩是个没解的疙瘩。这是我亲手编制出来的，它没法解开，这一点只有我知道，而倪说的弟子没有亲眼见我编制这个疙瘩，却能看出它是一个无法解开的死结，说明他的智慧是远远超过我的。"

天下人只知道就疙瘩解疙瘩，而不去用脑筋推敲疙瘩形成的原因，所以往往会碰到死结，解来解去，连一个疙瘩也解不开。

其实，故事中解开疙瘩的人并不比别人聪明多少，但他能一语道破内在的秘密，显示出他分析问题的能力。不管是在企业中，还是在现实生活中，我们随时都可能遇到很多解不开的疙瘩，但如何解决呢？我觉得找到问题的本质是关键。就如倪说的弟子一样，既要懂得解开疙瘩的方法，又要有能力分析死结，这就告诉我们，只有系统掌握"发现问题—分析问题—解决问题—杜绝问题"的方法才能成为一名真正的A级选手。

第七章　无缝融入团队

一个人的能耐再大，也很难独自成就一番伟业。俗话说：一个篱笆三个桩，一个好汉三个帮。A级选手一定要明白，企业的成功一定来自全体员工齐心协力，所以说A级选手必须在充分认知团队价值的同时学会完全融入团队，以帮助团队的成功作为自己的人生目标。

一、什么是团队

在知道什么是团队之前，我们先来看几则关于蚂蚁的小故事。

（1）一只蚂蚁外出觅食，幸运的是它遇到了一块比自己重数十倍的奶酪。蚂蚁想：单独依靠自己的力量是很难搬得动的，怎么办呢？这只蚂蚁拖来一片树叶隐藏了奶酪之后快速地跑回蚁穴搬来"救兵"，在一群蚂蚁的齐心协力之下奶酪被搬进了蚁穴。

（2）由于雨季河水暴涨，眼看蚁穴要被洪水淹没，情急之下蚁后下令全体成员集体渡河，在全体蚂蚁的簇拥下，蚁后被高高举起，全体蚂蚁爬上一片随波逐流的树叶顺利过了河，并在对岸地势较高的地方新建蚁穴，繁衍生息。

（3）有人说如果你在非洲大草原看到羚羊、斑马在奔跑，估计是狮子来了；如果你看到成群的羚羊、斑马和狮子一齐逃命，估计是象群发怒了；如果你看到成群的羚羊、斑马、狮子和大象一齐逃命，那一定是蚂蚁军团来了，蚂蚁军团所到之处，处处都是动物的白骨，甚至寸草不生。

单只蚂蚁的力量是很弱小的，但蚂蚁军团的力量是极其巨大的，这就是团队。

1. 什么是团队

英国霍特国际商学院教授迈克·布伦特和阿什里奇商学院教授菲奥娜·爱尔莎·丹特认为：团队就是T（Together）一起、E（Everyone）每个人、A（Achieves）达到、M（More）更多。

团队是指技能互补、愿意为共同的目标而相互承担责任的人员群体。

在对团队的理解过程中，我们需要注意：

团队是一个人员群体，而非一个人，群体少则三五人，多则几十人甚至几百人。比如一家企业可以称为一个团队，一个部门可以称为一个团队，一次大型活动的筹备小组可以称为一个团队，一个品质改善小组可以称为一个团队，一个新产品开发组也可以称为一个团队，因此团队无处不在。

团队是有共同愿景的，团队成员都愿意为团队愿景达成贡献智慧。

团队是有明确目标的，对于企业团队而言目标就是实现企业销售收入、利润以及可持续发展，对于一个部门团队而言目标就是实现企业赋予的目标，对于一个新产品开发团队而言目标就是准时、保质、保量完成新产品开发任务。

团队成员之间一定是技能互补的，这就要求在搭建团队的时候要有明确的分工，有人负责组织、有人负责计划，有人负责执行，有人负责对结果进行审核，只有这样才能确保团队工作有序，成果有效。

团队成员必须有各自明确的责任承担，让团队成员各负其责，共同完成团队目标。

2.常见的团队类型

在一个组织内部，有些团队是常设的，有些团队是临时性的，有些团队是问题导向型的，有些团队是项目导向型的，有些团队是目标导向型的，不同的团队其存在的意义和价值不尽相同。

美国管理大师斯蒂芬·罗宾斯把常见的团队分为问题解决型团队（Problem-solving team）、自我管理型团队（Self-managed team）、跨功能型团队（Cross-functional team）（表7-1）。

表7-1　不同类型团队对比

团队类型	团队特点	典型代表
问题解决型团队	组织成员就如何改进工作程序、方法等问题交换看法，对如何提高生产效率和产品质量等问题提出建议	QC小组、TQM小组、会议筹备小组
自我管理型团队	成员不仅讨论解决问题的方法，而且亲自执行解决问题的方案	公司各个职能部门
跨功能型团队	成员来自职能部门，协调完成组织内的复杂项目	新产品研发小组、薪酬绩效管理小组、战略委员会

英国霍特国际商学院教授迈克·布伦特和阿什里奇商学院教授菲奥娜·爱尔莎·丹特把团队类型分为功能型团队、跨学科型团队、问题解决型团队、虚拟型团队、自我管理型团队和委员会型团队。

可见，虽然不同的人对团队类型的划分标准不同，但团队的本质是相同的。

二、优秀团队需要树立的五种意识

一个优秀团队必须树立目标意识、团队意识、服务意识、竞争意识、危机意识五种意识,而且缺一不可。

1. 目标意识

(1)目标到人。团队中每个人必需有明确的目标,并且以目标达成结果论英雄,评价时要关注每个人目标完成的结果,当结果不理想时,再返回去逆向考核过程。

(2)个人目标与团队目标相结合。团队成员必需有明确的自身发展目标,并将自己的发展目标和团队大目标有效结合起来。

(3)个人目标服从团队目标。当个人目标与团队目标产生冲突的时候,坚持个人目标服从团队目标,以团队目标为准。

2. 团队意识

(1)集体成功观。团队中所有成员必需意识到将个人的成功融入团队的成功之中,只有团队成功,才谈得上个人的成功。相反,团队的失败会使所有人所付出的努力付诸东流,表现再出众的成员也不会有成就感。因此,只有协作是团队成功的必要条件。

(2)树正气,刹歪风。木桶原理更适合于衡量团队战斗力。团队中全体成员一定要认清极少数人的工作进度拖延会造成这个项目的不可控、个别模块的不稳定会造成整个系统瘫痪这一严峻现实。正所谓:千里之堤,毁于蚁穴,团队工作中的任何一个细节,任何一个个体都可能导致团队整体目标难以实现。不是所有人在团队中都举足轻重,但任一人出一个微不足道的差错,就会使整个团队的工作功亏一篑。因此,团队中每一个成员要勇于与影响团队士气、干扰集体工作正常进行的做法作斗争,将团队中的害群之马及时清除出去。

(3)个人利益和团队利益相结合。团队中应达到共识:团队利益大于个人利益,由于团队成功的需要,不惜暂时牺牲个人利益。团队中人人都要时刻为团队着想,自觉维护团队形象,自愿以团队纪律约束个人行为。摒弃个别人自以为是、艺高脾气倔、位高脾气大、居功自傲的作风。

（4）沟通无限，理解万岁。项目团队中所有成员应该及时有效沟通，相互理解。团队中出现意见分歧时，分歧双方的基本态度应该是说服对方而非强制对方，裁决两种不同意见的唯一标准是看哪一种意见更有利于推动团队工作的正常进行。

3. 服务意识

（1）面向客户的服务。客户是上帝，团队所做的所有工作就是为了客户满意，这种客户可能是企业外部客户，也可能是企业内部客户，团队成员都要追求客户满意，而并非追求技术高难、业界一流等虚的指标，所以团队成员面向客户的态度某种程度上可以决定团队的成败。

（2）面向团队内部的服务。下一道工序是上一道工序的客户。海尔曾经提出：公司中每一个人都要寻找你的服务对象并真诚为其服务，如果你找不到你的服务对象，那就意味着你该离开公司。

4. 竞争意识

（1）责权利均衡，论功行赏。团队中要引入竞争机制，坚决按责权利均衡的原则，使在团队中贡献大、责任大的成员得到丰厚的报酬，形成良好的导向，以牵引多数人向同一方向努力，为团队做出更大贡献。同时，要毫不客气地将影响团队工作进度或士气后进分子赶出团队。

（2）处理好主角与配角的关系。团队负责人要处理好主角与配角的关系，要让团队中的主角认识到他在主角的位置一旦出了差错，将可能被配角所代替，要让团队中的配角认识到如果他能够出色地完成工作，下一个项目或过一段时间就会荣升为主角。配角的存在对主角形成压力，主角的存在对配角形成动力，是团队内部最好的竞争机制。

5. 危机意识

（1）使命感。任何一个团队都要有极强的使命感，让使命感支撑团队成员努力工作。

（2）行业、市场的危机。华为任正非有句名言："十年来我天天思考的都是失败，对成功视而不见，也没有什么荣誉感、自豪感，只有危机感，也许是这样才存活了十年。"

三、如何构建团队

任何团队的建立都需要有明确的目标作为前提,下面我们就团队成长路径、团队构建原则加以说明。

1. 团队构建过程

任何团队的发展都必须经过创立期、风暴期、规范期、运作期、解散期,这是美国布鲁斯·塔克曼提出的团队构建模型(图7-1)。在建立团队的时候首先需要明确团队的目标,以及实现团队目标必需的技能。还需要注意的是要尽可能压缩团队创立期和风暴期的时间,并通过自己的努力使团队规范期和运作期尽可能保持更长的时间,因为一般来讲,团队在创立期和风暴期对组织的整体贡献会很小,甚至没有任何贡献,而真正能够为组织创造价值则是在团队规范期和运作期完成的。

创立期　　风暴期　　规范期　　运作期　　解散期

图7-1　团队创建过程(示意)

(1)创立期。形成阶段促使个体成员转变为团队成员。每个人在这一阶段都有许多疑问:我们的目的是什么?其他团队成员的技能、人品怎么样?每个人都急于知道他们能否与其他成员合得来,自己能否被接受?

为使团队明确方向,团队负责人一定要向团队说明团队目标,并设想出团队成功的美好前景以及成功所产生的益处;公布团队的工作范围、工作标准、预算及进度计划的标准和限制。团队负责人在这一阶段还要进行组织构建工作,包括确立团队工作的初始操作规程,规范沟通渠道、审批及文件记录工作。所以在这一阶段,对于团队成员采取的激励方式主要为预期激励、信息激励和参与激励。

(2)风暴期。这一阶段,成员们开始着手执行分配到的任务,缓慢地推进工作。现实也许会与个人当初的设想不一致。例如，任务比预计的更繁重或更困难，成本或进度计划的限制可能比预计的更紧张，成员们越来越不满意团队负责人的指导或命令。

风暴期的特点是人们有挫折、愤怨或者对立的情绪。这一阶段士气很低，成员可能会抵制形成团队，因为他们要表达与团队联合相对立的个性。

因此在这一阶段，团队负责人要做导向工作，致力于解决矛盾，绝不能希望通过压制来使其自行消失。这时，对于团队成员采取的激励方式主要是参与激励、责任激励和信息激励。

（3）规范期。经受了震荡阶段的考验，团队就进入了发展的正规阶段。团队成员逐渐接受了现有的工作环境，团队的凝聚力开始形成。这一阶段，随着成员之间开始相互信任，团队内大量地交流信息、观点和感情，合作意识增强，团队成员互相交换看法，并感觉到他们可以自由地、建设性地表达他们的情绪及意见。

在规范期，团队负责人采取的激励方式除参与激励外，还有两个重要方式：一是发掘每个成员的自我成就感和责任意识，引导员工进行自我激励；二是尽可能多地创造团队成员之间互相沟通、相互学习的环境，以及从团队外部聘请专家讲解与项目有关的新知识、新技术，给员工充分的知识激励。

（4）运作期。这时候团队成员积极工作，急于实现团队目标。这一阶段的工作绩效很高，团队有集体感和荣誉感，信心十足。团队能感觉到被高度授权，如果出现技术难题，就由适当的团队成员组成临时攻关小组，解决问题后再将相关知识或技巧在团队内部快速共享。

这一阶段，团队负责人需要特别关注预算、进度计划、工作范围及计划方面的项目业绩。如果实际进程落后于计划进程，项目团队负责人就需要协助支持修正行动的制定与执行。这一阶段激励的主要方式是危机激励、目标激励和知识激励。

（5）解散期。对于一些问题导向型团队或跨功能型团队而言（如研发团队、QC团队、跨部门工作团队等），团队最终解散是必经之路，这时候团队成员将注意力集中在团队工作的收尾，不再追求高绩效，很多人会表现出团队目标达成的喜悦感，但同时也会有强烈的失落感。

当然，对于一些常设性团队就不会有解散期了。

2. 团队构建原则

做任何事情都需要明确基本原则，团队构建也不例外。为了让大家对团队构建原则（图7-2）的理解更加充分，我们先拿雁群的案例进行剖析。

天气凉了，一群大雁往南飞。雁群南飞的过程中最常见的阵形是"人"字形，据研究，这种阵形可以让雁群的日均飞行距离比个体平均飞行距离增加71%，也就是说群体飞行距离是个体平均飞行距离的1.71倍。雁群是怎么做到的呢？

首先，飞在"人"字阵形最前端的大雁往往是体力最好的，这只大雁在领航的同时，每一次的翅膀扇动都为后面的大雁带去向上之风，后面的大雁便可以节省体力。当领头雁感觉疲倦的时候，它就会退到阵形的最后面，由"人"字形两边的大雁交替领头，这样便可以始终让体力最好的大雁领航并保持较快的飞行速度。

其次，如果遇到身体不好的大雁，雁群就会把它围在阵形中间，让它借助两侧的向上之风飞行，这样既不会让身体不好的大雁由于体力不支而掉队，也不会影响雁群整体的飞行速度。

还有，当有大雁掉队的时候，其他大雁就会集体发出"呱、呱、呱"的声音鼓励它，同时雁群也会放慢整体行进速度，直至掉队的大雁重新回到阵形当中。

雁群的故事告诉我们，一个优秀的团队必须要有严密的分工，团队成员之间相互信任、相互鼓励，互相搭台而不是拆台，做到技能互补，对目标要有一致的承诺，最关键的是共同分享工作成果，同创共享，让每位成员都能分享胜利的果实。

（1）清晰的团队目标。清晰的目标是任何团队构建和运作的前提，目标可以帮助团队成员确定各项事情的轻重缓急，确定并把握核心的工作任务和关键成功要素，也可以帮助团队成员明确行为准则，同时还可以为团队成员指引方向和提供工作动力。

（2）恰当的领导。选择并用好团队领导是团队成败的关键，一般来讲，作为一名团队领导必须具备以下特质：善于沟通、视野广阔、有合作精神、专心、有想象力、有先见之明、自信、正直、公平、公正、有勇气、敢担当、坚守承诺。

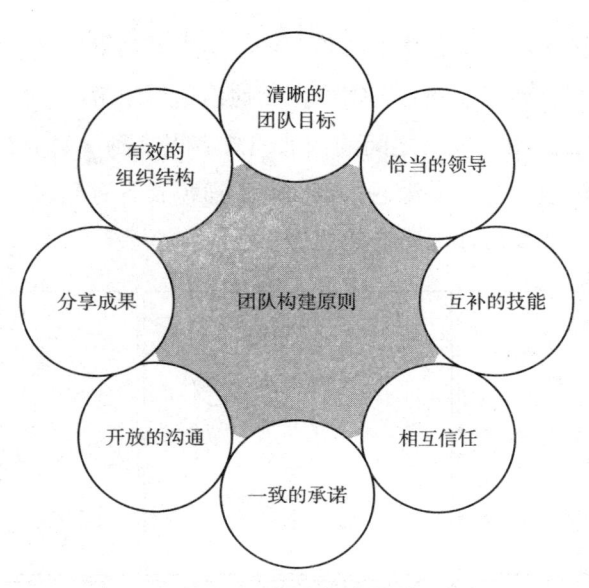

图7-2 团队构建原则

（3）互补的技能。团队成员技能互补是团队存在的基础，因为团队成员之间必须要有清晰的分工，就如一支足球队，必须有人担当前锋，有人担当中锋，有人担当后卫，有人担当守门员，缺一不可。同理，在一个企业组织当中，有些人负责运筹帷幄（战略与决策），有些人负责遇水架桥（研发与制造），有些人负责决胜千里（市场与营销），还有些人负责垫后（客户服务）等。

（4）相互信任。西蒙·斯涅克在《从"为什么"开始：伟大的领导者如何激励每个人都行动》中提到："团队不是一群一起工作的人，而是相互信任的一群人。"

高效的团队，成员之间一定是相互"搭台"的，而非相互"拆台"的。高绩效的团队要求团队成员必须用语言和行动来支持其他成员，在表现自己才能的同时，也要践行和坚守团队的核心价值主张。

著名管理学家大卫·迈斯特尔用一个公式阐述了他对信任的定义，信任度=（可信度+可靠度+亲密度）/自我定位，可以看出，团队之间的信任，既要求每个人在团队中拥有很高的可信度，又要求每个人在其他团队成员心目中是一个可靠的人，同时团队成员之间还有密切的工作关系。

（5）一致的承诺。团队的高效运作一定要取得全体成员的一致承诺，团队承诺必须坚持明确、力所能及、共识和潜力挖掘的原则。

（6）开放的沟通。团队领导必须为团队创造一个便于沟通的环境，鼓励成员之间坦诚沟通，因为团队在运作的过程中势必会涉及目标确认、资源协调、计划修正等一系列问题，而这些问题则需要不断地沟通得以解决。

如图7-3所示，团队成员之间的沟通模式有很多种，链式沟通、Y型沟通、X型沟通、环式沟通、全通道沟通，不同的沟通模式各有利弊，团队需要根据沟通内容及决策方式选择最佳沟通模式（表7-2）。

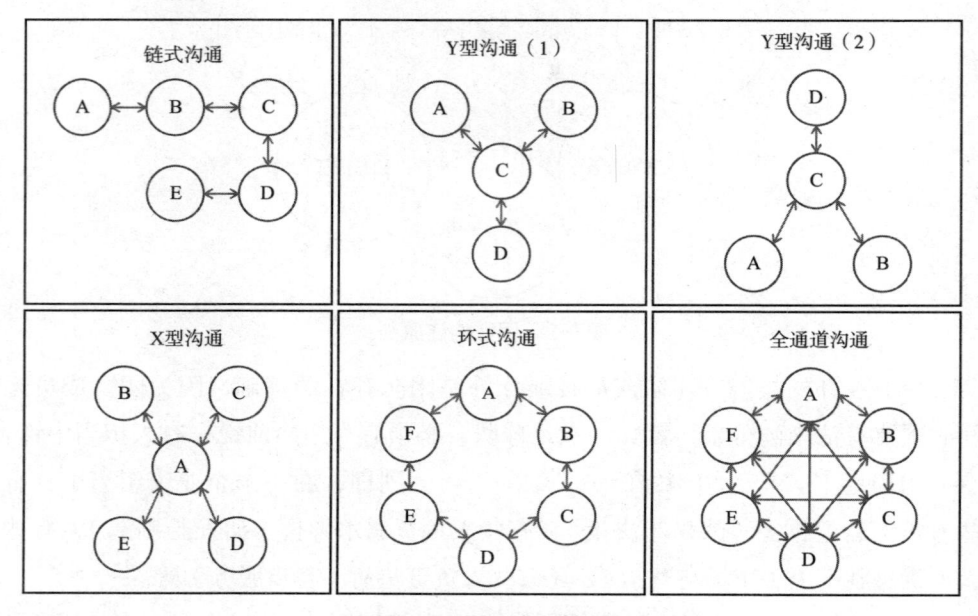

图7-3　团队沟通模式

表7-2　不同团队沟通模式比较

常见沟通模式	优点	缺点
链式沟通	结构严谨、规范	信息传递慢，容易失真
Y型沟通	中心角色C控制力强，具有权威性	信息传递慢，容易失真，团队士气不高
X型沟通	信息传递速度快，中心角色A控制力强，具有权威性	成员满意度和士气低
环式沟通	成员士气较高	信息传递慢，信息准确性较低
全通道式沟通	合作氛围浓厚，有利于集思广益，信息准确性较高	缺乏结构性，容易混乱，浪费时间，影响工作效率

（7）分享成果。清晰定义团队工作成果，并根据个体的贡献进行客观公正的评估和激励，同时建立以团队整体为基础的绩效评价体系也是必不可少的。

（8）有效的组织结构。不同团队的目标不同、工作模式有异就注定了不同团队内部的组织结构是千差万别的，团队在选择组织结构的时候，必须考虑有利于不同技能成员的角色定位，必须考虑有利于团队和个人学习，必须有利于明确个人和团队责任，必须有利于培养团队成员的责任感，必须有利于团队目标的顺利实现。

3. 团队构建实践

一提到团队，大家会在第一时间想到军队，看着他们整齐划一的步伐、训练有素的纪律、为人民服务的精神以及舍身忘我、视死如归的气概……让每个团队领导者都想将自己的团队打造成像军队那样"特别能吃苦，特别能战斗"！

（1）明确团队使命和愿景。在前面讲企业发展战略的时候我们曾经提到使命与愿景，其实大到一个国家、一个企业，小到一个部门，都是一个团队，企业各级管理者都需要带领一个团队进行工作，这就需要各级管理者为自己所带领的这个团队建立使命、描绘愿景。

在我们身边有很多优秀的组织，他们的使命和愿景非常有凝聚力。大家都熟悉的宗教组织，就是建立了良好的愿景使追随者们如此虔诚；还有大家都知道的军队，这是一个非常有使命感的组织，自从入伍的那天起，所有军人都知道自己的唯一使命就是保家卫国；奥运代表团也是一个极具使命感的组织，所有运动员都知道拿金牌为祖国争光。

其实，任何团队都需要清晰地描绘自己的愿景和使命。关于这一点，在保险、证券等金融行业的销售团队就做得非常好，他们会给每一个组织起一个极富激励性的名字，如阳光团队、天狼团队、雪豹团队、亮剑团队、钢七连等，然后描绘团队的愿景，这样一来，团队的战斗力一下子就起来了。

（2）营造团队氛围。企业讲文化，团队谈氛围，其实本质是一样的，文化和氛围就像一道润滑剂，它可以帮助组织内部缓解工作气氛，建立积极健康的工作环境。

不同的团队可以建立不同的氛围，研发团队需要建立科学、踏实的工作氛围，营销团队需要建立狼性、进攻的工作氛围，财务团队需要建立严谨、务实的工作氛围，服务团队需要建立热情、耐心的工作氛围，但不论如何，每个团队都应该根据自己的使命及特点，在不违背企业整体文化的前提下，塑造和建立适合自己的团队氛围。

（3）设定团队方向与目标。对于企业而言，战略和年度经营计划确定了发展方向，所有员工只要按照既定的发展方向努力就可以了，但对于一个团队来讲，可能没有明确的发展战略，但团队必须清晰回答自己努力的方向是什么，是解决特定问题（问题解决型团队），还是跨部门协同（跨功能型团队），抑或是寻找及实践解决问题的方法（自我管理型团队）？

另外，除了设定团队发展方向，还需要进一步明确团队目标，这些目标既包括财务目标，也包括客户服务目标，还包括内部流程运营效率目标以及员工成长与发展目标。

（4）规范团队分工。一提起团队，大家都会想到团队内部的分工问题。是的，分工对于团队而言是非常重要的。试想一下，一个没有明确分工的团队，那将是一个什么样的场景！

任何一个团队都需要建立自己的组织结构，设置几个岗位、每个岗位设几个编制、每个岗位需要什么样的任职要求、由哪位员工来做更合适……所有这些工作，都需要团队成员共同思考清楚。因为团队不是拥有职位的一群人，而是聚合在一起的个体，团队中每个人扮演相应的角色，并且彼此理解、相互尊重。

根据英国霍特国际商学院教授迈克·布伦特和阿什里奇商学院教授菲奥娜·爱尔莎·丹特的团队角色导向理论，团队角色分为关系导向、行动导向、分析导向、过程导向、专家导向、创意导向共六种，这六种角色在团队中承担不同的职能，保证团队目标圆满完成。

（5）统一团队行动。统一行动是确保团队目标实现的关键，团队的整体运作就如"三人四足"或"十人十一足"游戏那样，任何一个环节出现问题都会导致游戏失败，因此统一团队思想、统一团队行动也是至关重要的。

（6）评价团队业绩。当团队很小的时候，团队组织绩效很高，随着团队规模的增加，团队组织绩效越来越低，正所谓：一个和尚挑水喝，两个和尚抬水喝，三个和尚没水喝。一个和尚的时候假设他的绩效为1；两个和尚的时候整体绩效还是1，但人均绩效就变成了1/2；三个和尚的时候整体绩效则变成了0。这就需要在团队内部建立一套完善的业绩评价体系，确保不能让A级选手吃亏，也不能让C级选手混水摸鱼、滥竽充数。

四、做一个团队不可或缺的A级选手

对于 A 级选手来讲，如何在团队内部创造最大价值，确保"至少有 90% 的可能达成排名前 10 名选手的工作业绩"，这是非常重要的，只有这样才能使自己真正成为一名合格的 A 级选手。

（1）自觉维护团队的利益。团队利益高于一切并非一句简单的口号，而是浸润在每一位团队成员血液中的一种潜意识。团队成员必须牢记团队的成功是每一个人最高的奋斗目标，也是一切行动的最基本准测，成员的任何行动和思考点都必须基于此，同时在每一天、每件事上都应时刻维护团队利益。

（2）积极创造交流的机会。团队成员之间总会存在由于信息不对称而产生的误解，甚至冲突，同时为了确保团队绩效最大化，也要求团队成员之间必须保持积极、畅顺的沟通，而在这个过程中 A 级选手更应该起到榜样的作用，因为 A 级选手代表着高绩效，他们的一言一行会对团队成员产生深刻的影响和示范效应，所以更需要 A 级选手积极创造更多交流与分享的机会。

（3）参与团队活动。参与是 A 级选手忠于团队、认真完成任务，以及达成团队目标的必要条件。影响参与度的因素有三个，即目标、欣赏、融入。

①目标：越来越多的人认为，想要让员工参与团队，就需要让每位团队成员都具有强烈的目标意识并了解工作的意义。

②欣赏：受到尊重和欣赏是每个人的需求，团队成员也不例外，如何让成员感觉到自己的工作被欣赏、自己被尊重是影响参与度的另外一个因素。

③融入：实际上，团队成员不可能在没有融入团队的情况下实现高度参与，因此，团队领导必须确保所有成员都融入团队，当然 A 级选手也需要以身作则，起带头作用。

（4）以"A 级选手"的标准做好自己的工作。前文已经提到过，A 级选手的有三个标准，分别为快乐地做必须做的每一件事情、每件事情都要达到 120 分的水准、常年累月坚持这种做法。

任何人想要成为"团队不可或缺的人"，都必须按照 A 级选手的标准严格要求自己，让自己的工作更加出色。

（5）信任队友。前几年有一句非常流行的网络语：不怕神一样的对手，就怕猪一样的队友。这句话的意思是对手很狡猾其实并不可怕，总能找到相应的对策和方法，而真正可怕的是团队成员之间缺乏信任感、相互拆台！

（6）学会与各种人相处。在一个团队中，难免会碰到不同类型的员工，比如说功高盖主的员工、超有个性的员工、脾气暴躁的员工、平庸的员工、追求完美的员工、有后台的员工、爱找茬的员工、光说不练的员工、团队"小人"……作为A级选手，在履行好自己本职工作的同时，还要学会与不同类型的员工和睦相处，并能促进团队目标顺利实现。

（7）参与解决团队冲突。团队冲突是普遍存在的，有些冲突是建设性的，那对团队是有益无害的；而有些冲突是破坏性的，那就会对团队造成极大的影响。迈克尔A·韦斯特把团队冲突分为：与任务有关的冲突、关于团队过程的冲突、人际冲突。

既然冲突是普遍存在而且产生不可避免，那么找到合理的冲突解决办法才是各级管理真正需要重点思考的问题，下面简单介绍托马斯冲突解决模型（图7-4）：

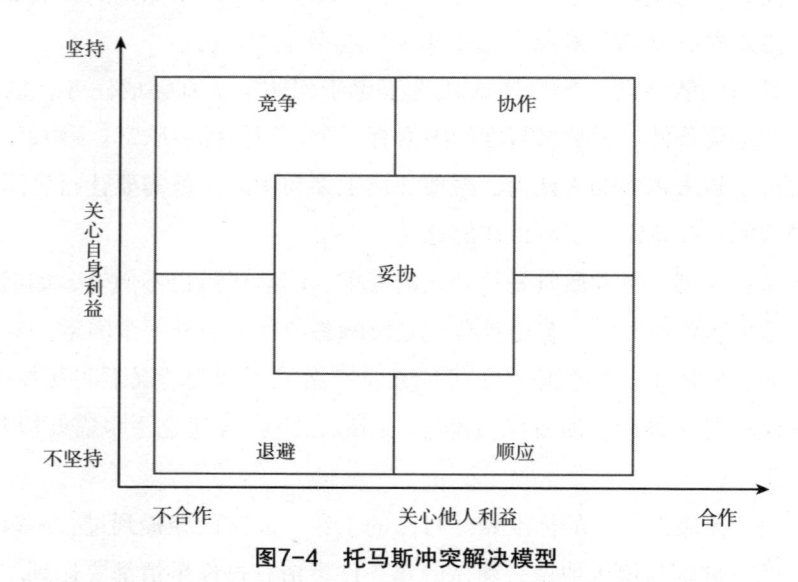

图7-4　托马斯冲突解决模型

托马斯将冲突的处理办法从"关心他人利益"和"关心自身利益"两个维度分为五种不同的冲突处理策略适合不同的冲突情景（表7-3）：

表7-3 托马斯冲突解决策略及适用冲突情景

冲突解决策略	适用冲突情景
竞争	（1）当情况紧急时，需要做出快速、决定性的行动时 （2）在需要采取非同寻常行动的问题上 （3）在公司利益至关重要的问题上，并且你知道是正确的 （4）对手拥有非竞争性优势时
协作	（1）为共同的利益谋求一致的方案时 （2）需要集思广益、依赖他人时 （3）出于感情关系的考虑时 （4）需要向对方学习时
妥协	（1）双方力量旗鼓相当时 （2）暂时化解冲突防止问题复杂化 （3）时间紧迫，采取权宜之计
退避	（1）有更重要的问题需要解决时 （2）别人能够更有效地解决问题时 （3）当问题不相干或总是出现时 （4）当冲突的解决弊大于利时
顺应	（1）发现自己错了时 （2）为建立社会声誉、减少损失时 （3）所要解决的问题对别人更重要时 （4）当和谐和稳定特别重要时

在这里需要强调的是，团队不论采取哪种冲突解决策略，作为A级选手都必须积极参与冲突解决，防止大规模破坏性冲突发生，同时确保已经发生冲突的潜在损失最小化，还要充分利用现有冲突给团队带来的好处。

（8）不要有功劳感。绝大对数人的价值理念中都会有"能者多劳"的想法，既然A级选手"至少有90%的可能实现排名在前10%的选手能够达成的工作业绩"，那么不可避免地就会出现"鞭打快牛""能者多劳""强者多劳"的现象，这时候很多员工就会出现心理失衡，在这里请大家记住：既然A级选手是强者，强者就应该多劳。

需要特别提醒的是，作为A级选手，一定要记住千万不要因为自己"多劳"而产生功劳感，因为一旦产生了功劳感，一个人的心态就会产生变化，甚至会出现心理失衡，而一旦心理失衡，就会产生"攻击性"，一旦有了"攻击性"，就会让自己原来"多劳"赚来的价值毁于一旦！

第八章 静心修炼心态

心态决定行为，行为决定结果，结果决定格局，格局成就人生。可见心态是一个人成功的基础。我们可以看到，身边但凡成功的人，他们的心态都很好。作为一名优秀的Ａ级选手，必须常怀感恩的心态、创业的心态、积极的心态、游戏的心态和共赢的心态。

感恩的心态让Ａ级选手总被爱包围着，创业的心态让Ａ级选手永葆奋斗的激情，积极的心态让Ａ级选手总能发现不利环境下的有利因素，游戏的心态让Ａ级选手更松弛、更投入，共赢的心态让Ａ级选手总能从"利己"到"利他"和"利众"。

一、A级选手心态修炼

在阐述心态对 A 级选手的重要性之前，我们先来看看以下几条狗带给我们的思考。

1. 两条腿的狗

Tite 原本是一条健康的牧羊犬，在一次帮助主人放牧的过程中灾难光顾了它，它的右后腿被车子轧断了，即便是这样 Tite 还是一如既往地坚持帮助主人放牧。但好景不长，又一次事故让 Tite 失去了右前腿，这样一来，Tite 就只剩下左前腿和左后腿了，换作其他的狗，估计连站起来都很困难，但 Tite 为了继续帮助主人放牧，它选择将自己左边的两条腿在岩石缝中别断，原本只有左边两只脚着地，现在可以让折断的腿整个面着地，就这样 Tite 还是坚持日复一日、年复一年地帮助主人放牧，直到生命终结。

Tite 的感人故事被很多人铭记，Tite 也经常被视作忠于职守的典范登上哈佛商学院等知名院校的课堂。

2. Faith 的故事

无独有偶，2008 年美国《人物》周刊破天荒地让一条狗登上了其封面，《人物》周刊对这条狗是这样表述的："它是降临在浮躁美国的一种力量，它是笃定而欢快地照耀在任何一位迷失者前方的一盏路灯，它是早就藏好了眼泪和悲伤，只表露笑容与歌声的一种幸福。它的名字叫 Faith（信念），它是一条狗，它是一条两条腿、像人类一样直立行走的狗。"

Faith 出生在 2002 年的平安夜，因为与其他狗不同的是它只有两条后腿，狗妈妈拒绝给它喂奶，它的主人也认为这样的狗不可能存活，索性就抛弃了它。在这种情况下，一位名叫 Jude 的女士收养了它，在 Jude 悉心照顾下，Faith 终于学会了像人那样直立行走。虽然经常遇到同类的挑衅和其他人异样的眼光，但

Faith 始终表现得不卑不亢，并经常给身边的孩子们带来快乐，给病魔缠身的病人带去战胜病魔的勇气和信心，给饱受战争创伤的士兵带去拥抱和慰问。后来 Jude 专门为 Faith 写了一本名叫 *With A Little Faith* 的专著，在该书中，Jude 写道：Faith 是上帝赐给她的天使，帮助她从失败的婚姻中走出来，让她的生活充满了阳光。同时 Jude 还专门为 Faith 开通了网站，网站点击量每月都近 10 万次，越来越多的人被 Faith 的故事所感动。

3. 流浪犬 Barbie 的故事

Barbie 是一条流浪犬，过着颠簸流离的生活，因为每天在垃圾堆里找食物吃，弄得全身脏兮兮的，被人呼来喝去。直到有一天被一位拾荒的老人 Jack 碰到，Jack 虽然自己的生活也很拮据，但他还是将有限的食物分给 Barbie 吃，并帮助 Barbie 洗澡，就这样 Barbie 和 Jack 相依为命，共同生活。

不久，Jack 老人去世了，当送葬的队伍抬走棺木的时候，Barbie 一路跟着，挖墓坑的时候，Barbie 就蹲在旁边，眼中含着泪花，人们让它离开，但是 Barbie 纹丝不动，即使拿石头砸它、拿棍子打它都无动于衷，后来人们发现无论是寒冷的风雪夜，还是炎热的酷暑，Barbie 都守着老人的坟墓，无论它得到什么食物，它都会带到老人的坟前吃，也许它觉得这是一种分享吧！它这一守就是十四年，Barbie 死后村民把它葬在老人的身边，很多人为它的忠诚感动并为它做了雕像，对于他们来说 Barbie 的雕像不仅仅是爱丁堡的一个旅游景点，更多是为了爱的传播，让每个游客能感受到一方净土，一句老话"滴水之恩当涌泉相报"在 Barbie 的身上就体现得淋漓尽致。

4. 猎狗与兔子的故事

猎狗把一窝兔子赶出了窝，猎人端起猎枪打中了一只兔子的腿，然后就吩咐猎狗去把那只受伤的兔子叼回来，猎人则坐在一个大石头上拿出烟袋悠闲地抽起了烟。半晌过去了，猎狗两手空空、耷拉着脑袋回来了，满以为今天大有收获的猎人生气地对着猎狗骂道："你这个没用的东西，连只受伤的兔子都抓不住，要你有何用。"这时候猎狗发话了，它说："主人啊，你可知道，我抓不到兔子是正常的,你想想,如果那只受伤的兔子被我逮住的话它就死定了,所以它必须得拼命逃跑,即便前面是万丈深渊,兔子也会纵身跳下去。而我呢,如果逮不到兔子,就是挨你一顿臭骂,最多今晚没饭吃而已。"

5. 牧羊犬的舌头

牧羊人养了两条牧羊犬,分别起名叫小黑、小白。平时,牧羊人将羊群和牧羊犬带到水草丰盛的地方就会离开,去做别的事情了,羊群则完全交给小黑和小白看管。牧羊人做完了事情,再回来带着羊群回去,回去后给牧羊犬食物。

刚开始,小黑、小白都非常卖力,经常得到牧羊人的奖赏。可时间长了,小黑就发现了牧羊人的规律,每次出去大约有3个钟头。于是小黑就想,知道规律就好,反正牧羊人只能看见回来时候的情景,于是小黑就开始在牧羊人不在现场的时候偷懒。但是奇怪的是,牧羊人依然给予两只牧养犬同样的奖赏,甚至对小黑更好。而小白呢,不管牧羊人在不在现场它都勤勤恳恳照看着羊群。

有一天,小白就问小黑:"老兄,这是为什么?没有天理呀,我明明比你卖力得多,为什么牧羊人有时候更欣赏你呢?"

小黑哈哈一笑说道:"老兄弟,你太实在了。你知道吗?牧羊人每次都出去3个小时左右,前面的时间我就休息,只要羊群不出大问题就可以了;到了2.5小时的时候,我就使劲跑两圈。牧羊人判断我们是否卖力有两个标准,一个是羊不能丢失,一个就是看我们谁的舌头吐得长,我跑两圈,每次都累得出了很多汗,舌头自然会伸出来。哪像你,天天那么卖力地干活,牧羊人来的时候,舌头伸得却没我长。哈哈。"

听了小黑的话,小白直接晕倒!

看完前面几条狗的故事,我想每一位读者都会有一些自己的体悟:Tite 是忠于职守的典范,它非常喜欢自己的工作,身残却志坚,赢得了人们的赞许;Faith 虽然天生残疾,但它从来都没有气馁,它像一条健康的狗一样在主人 Jude 的呵护下经营着自己完美的人生;Barbie 的故事让我们懂得什么叫滴水之恩当涌泉相报,这也是 Barbie 能够让人们为它树立雕像的真实原因;猎狗的故事告诉我们什么样的心态决定什么样的结果,什么样的结果成就什么样的人生,猎狗注定不会有大的作为；牧羊犬小黑在工作中投机取巧，耍小聪明，日久见人心，我想终究会被牧羊人发现并淘汰掉，而小白勤勤恳恳，不管主人在不在场它都坚持做好自己的工作，小白一定会被牧羊人委以重任。

对照前文我们对 A 级选手的定义，我们认为 Tite、Faith、Barbie 以及牧羊犬小白一定可以成为一名合格的 A 级选手，而猎狗和牧羊犬小黑注定是一个 C 级选手，因为猎狗和牧羊犬小黑正印证了前面提到的那句话："如果你是 C 级选手，团队业绩一定会因你的存在而受到很大影响。"

综上所述，我们将 A 级选手的心态概括为感恩、创业、积极、游戏、共赢心态五种（见图 8-1）。

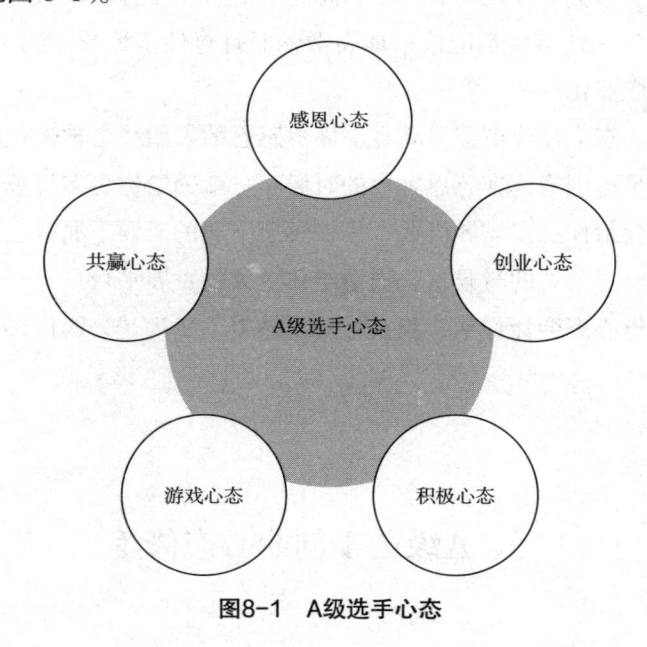

图8-1　A级选手心态

二、A级选手感恩心态修炼

稻盛和夫在他的六项精进中提到："活着，就要感谢。活着，就已经是幸福，'感谢之心'像地下水一样，滋润着每个人道德观的根基。"星云大师说过："感恩的人才懂得付出，感恩的人才明白富贵。"打篮球要感恩对手，如果没有他们，球赛就无法进行；台风肆虐过后，要感恩它带来大雨，如果没有台风带来的雨水，我们就无法生活。

是的，每一名 A 级选手都要像稻盛和夫和星云大师说的那样常怀感恩之心，也如前文提到的 Barbie 那样做到"滴水之恩当涌泉相报"，因为懂得感恩的人才有可能成为一名真正的 A 级选手。

（1）感恩心态会让你更专业。根据稻盛和夫的理论，我们要感恩父母给了我们生命、感恩同事在工作中全力支持、感恩公司提供了展示才华的舞台，正是因为有了这份感恩之心才会让我们在自己的专业领域更加投入。

（2）感恩心态会让你更职业化。感恩之心的另外一种表现就是不抱怨，针对职责范围内的每一件事情都能快乐地去做，而且每件事情都做到 120 分的标准，这会让人更加职业化。

（3）感恩心态会让你更容易满足。懂得感恩的人始终会被爱包围着，这会令人更加容易满足，因为你在感恩客户的时候客户就会给你更多订单，你在感恩上司的时候上司会给你更多发展机遇，你在感恩下属的时候下属就会用加倍的努力回馈你，你在感恩公司的时候，公司会给你更大的发展平台。

记住：感恩心态会让你从"我在帮公司做事"变为"公司提供平台让我来展示才华"！

三、A 级选手创业心态修炼

我们经常看到很多刚刚开始创业的人，每天起早贪黑、没日没夜地辛勤工作，甚至吃住都在公司，连家都不回，只要为了实现自己心目中的梦想。即便不是刚创业的人，就连任正非、李嘉诚、马云、马化腾、许家印、王健林这些早已功成名就的企业家，也是每天独自在机场等出租车、和员工一起就餐、一套西服穿了几十年、搭最早或者最晚的航班、一天周转几个城市、每天最早上班、最晚下班、全年无休……不论是刚创业的，还是功成名就的企业家，在一般人眼里觉得他们很辛苦，但如果有机会与他们接触甚至一起工作，你就会觉得他们根本就不觉得苦，也不觉得累，他们很享受这样的过程和工作节奏，也许这就是创业心态的价值吧!

（1）创业心态会让你更快地脱颖而出。创业的心态会让你总是比别人更具前瞻性，正如前文猎狗与兔子的故事中的兔子一样，为了活命它必须得比猎狗跑得更快，即便面前是万丈深渊也只能义无反顾，正因为如此，最终的结果就是兔子成功脱险，而猎狗两手空空。企业里面也是一样的，那些具有创业心态的员工为了实现企业目标，义无反顾，很快就会在团队中脱颖而出。

（2）创业心态会让你获得更多的赏识。创业的心态会让你总是比别人更具大局观，总能站在企业、团队的立场上去思考问题，具有大局观的人总会以"这是我的事""这是我的责任""只要是公司的事，都是我的事"等这样的心态去思考问题和承担责任。大局观会让一个人跳出自己的思维模式和圈子，从全局来审视自己的工作，这样做一定会得到更多人的认可和赏识。与此相反，缺乏大局观的人总是以"这不是我的事情""这不是我的原因造成的""这事不归我管"等这样的说辞推脱自己的责任。就如前文提到的牧羊犬小白一样，不管牧羊人在不在现场，抑或小黑在不在干活，这都不重要，因为小白清楚：看管好羊群才是自己的本职工作!

（3）创业心态会让你更快乐。创业的心态会让你更懂得付出，更懂得享受付出的过程，因为他们坚信"人间自有公道，付出总有回报。说到不如做到，要做就做最好"。正如在地里干活的农民，今天的劳作与付出谁也不能保证一定就有收获，但不管有没有收获或者收获大与小，农民都会以快乐的心态去耕耘自己的那块田地。

记住：创业心态会让你从"这不关我的事，这是公司的事"到"这是我的事，因为我是公司的一部分"。

四、A级选手积极心态修炼

积极的人像太阳，照到哪里哪里亮；消极的人像月亮，初一、十五不一样。正如前文提到的Faith，虽然天生残疾，但它从来都没有气馁，积极地面对人生，像一条健康的狗一样在主人Jude的呵护下经营着自己完美的人生。A级选手也是如此,不论是顺境还是逆境,不论是成功还是失败,永葆一颗积极的心才是成功的关键。

(1)积极心态会让阻力变动力。如果在前进的道路上遇到了一座貌似不可逾越的大山,你会怎样?面对这样的问题估计有些人会在第一时间想到放弃,有些人会想到能不能绕着走,而还有些人会义无反顾地想办法翻越这座大山。大家一定要明白在一个人成长的过程中或一家企业经营的过程中总会遇到这样那样的问题,面对问题千万不要被打趴下,请记住:山不过来,我就过去,直面问题,让阻力变成自己前行的动力才是最重要的。

(2)积极心态会让绝望变希望。古代有个国王,每次处决死刑犯的时候,国王都会给犯人两个选择,其一是直接送上断头台,刀起头落;其二是把犯人扔到一条"悠长、黑暗"的隧道,据说隧道中经常有毒蛇猛兽出没,但也可能有机会走出隧道,如果犯人安全走出隧道,则罪责一笔勾销。大家想想最终的结果会是什么?最终的结果是绝大多数罪犯都选择了前者,只有极少数罪犯会选择后者,因为很多人会想着"刀起头落"的这种结局是可知的,而被扔到隧道中的结果是未知的,在未知的情况之下很多人宁愿选择前者,也不会冒险选择后者。这两种选择背后是消极心态与积极心态的博弈,消极的人会选择前者,而积极的人则会选择后者。

(3)积极心态会让坏事情变好事情。大家都知道塞翁失马的故事:近塞上之人,有善术者,马无故亡而入胡。人皆吊之,其父曰:"此何遽不为福乎?"居数月,其马将胡骏马而归。人皆贺之,其父曰:"此何遽不能为祸乎?"家富良马,其子好骑,堕而折其髀。人皆吊之,其父曰:"此何遽不为福乎?"居一年,胡人入塞,丁壮者引弦而战。近塞之人,死者十九。此独以跛之故,父子相保。故福之为祸,祸之为福,化不可极,深不可测也。塞翁失马的故事告诉我们,祸兮福所倚,福兮祸所伏。正如塞翁那样,始终用积极的心态去看待祸,就能将坏事情变成好事情。

记住:积极心态会让你从"我这么一个小职位能做什么"到"我能做一些事去改变目前的状况"。

五、A级选手游戏心态修炼

不知道大家注意到没有，随着智能手机的普及以及手机应用程序越来越多，我们每天花在手机上的时间越来越多，少则一两个小时，多则三五小时，甚至更长。我们每个人都忙着刷微信、刷微博、刷抖音、刷快手，可以这么说"两微一抖一快"已经成了很多人生活的重要组成部分，我们在吃饭的时候看手机、朋友聚餐的时候看手机、领导开会的时候看手机、工作间隙看手机，甚至上厕所也在看手机，为什么会这样呢？难道每个人都是在手机上忙自己的本职工作吗？实则不然，我们发现每个人看手机的绝大多数时间与工作无关，大家试想一下如果我们每个人都把看手机的那种劲头全部用在工作上会怎样，我想每个人的工作效率和工作质量都会大幅度提升，这就是游戏心态的威力所在。

（1）游戏心态让你更投入。在工作中我们经常会要求员工以主人翁心态对待工作，强调员工要以饱满的热情及忘我的工作状态投入工作，如果这些要求只是停留在领导的口中，而没有让员工真正体会到的话，其实都是虚的，员工只能当面一套、背后一套，敷衍了事。如何才能让员工工作更投入？唯一的办法就是培养员工的游戏心态。

（2）游戏心态让你更平和。大家在实际生活中玩游戏的时候，绝对不会因为某一关没过去而垂头丧气、怨天尤人，甚至放弃，在每一次失败之后总会想着下一次会更好。

（3）游戏心态让你输得起。游戏心态最大的好处就是让玩游戏的人输得起，在每次失败之后继续奋战。试想一下，如果每个员工对待工作的时候都能有这种锲而不舍的精神会怎样？

记住：游戏心态可以让你从"我已经把事情做得够好了"到"实际上我还能做得更好"。

六、A级选手共赢心态修炼

共赢心态是 A 级选手所有心态当中最关键的，共赢心态让每位员工都能与企业及各利益相关者共同创造更大价值，并在此基础上让各个利益相关者都能获益。

（1）共赢心态让你永远以团队利益为准。共赢心态要求 A 级选手一定要站在团队整体利益的角度开展自己的工作，并且时刻牢记"大河有水小河满"的道理，团队各利益相关方首先要为团队利益最大化贡献力量，在确保团队利益最大化的前提之下按照价值贡献进行利益分配。

（2）共赢心态让你注重团队合作。正因为各利益相关方首先要确保团队利益最大化，因此团队成员之间必须注重合作。

（3）共赢心态让你乐于奉献。只有懂得乐于奉献的 A 级选手才能真正做到与团队共同创造价值、共同获得利益、共同健康发展、共同茁壮成长。

记住：共赢心态可以让你从"我在帮助企业成功"到"企业在帮我成功"。

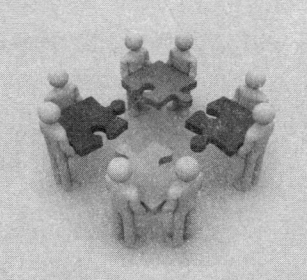

第九章 ┃ A级选手多元化发展与立体化激励

通过前面章节的系统学习，相信你已经对A级选手成长路径有了全面认知，如果你能按照本书内容遵照执行的话，相信不久的将来你一定可以成为一名团队不可或缺的A级选手。

本章将从A级选手职业发展规划、激励体系建设两个维度进行系统阐述，旨在让A级选手获得更好的职业发展，享受更加科学、合理的激励！

一、你是真正的A级选手吗

对于企业而言，在谈到A级选手职业发展及激励体系之前，需要甄别哪些员工才是真正的A级选手，筛选出准A级选手、伪A级选手。对于员工而言，也必须充分认识到，只有真正的A级选手才能得到企业的赏识和重用。结合前文提到的A级选手职业金字塔（图1-5）和成长路径（图1-8），企业可以从五个维度对员工进行系统评价，包括岗位价值评价、职业化素养评价、职业化能力评价、职业化结果评价、员工胜任度评价（表9-1）。

表9-1 A级选手评价模型

第1部分：岗位价值评价（10分）					
1.1 岗位价值（5分） （1）所在岗位对公司经营业绩具有全局性的影响（5分） （2）所在岗位对公司经营业绩具有重要影响（4分） （3）所在岗位对公司经营业绩具有一些影响（3分） （4）所在岗位对公司经营业绩具有有限影响（2分） （5）所在岗位对公司经营业绩基本无影响（1分）					
1.2 人员可替代性（5分） （1）人员十分重要，非常难以替代（5分） （2）人员比较重要，替代比较困难（4分） （3）人员重要程度一般，可在6个月内进行替代（3分） （4）人员不太重要，能在3个月内进行替代（2分） （5）人员重要程度低，能在1个月内进行替代（1分）					
第2部分：职业化素养评价（15分）					
职业化素养评价维度	评价得分				
	2.5分	2分	1.5分	1.0分	0.5分
2.1 使命感					
2.2 目标意识					
2.3 客户导向					
2.4 快速响应					
2.5 结果导向					
2.6 自我驱动					

续表

第3部分：职业化能力评价（15分）					
职业化能力评价维度	评价得分				
	3分	2.5分	2分	1.5分	1分
3.1 终生学习					
3.2 执行力					
3.3 创新能力					
3.4 影响力					
3.5 团队协作					
第4部分：职业化结果评价（30分）					
职业化结果评价维度	评价得分				
	10分	8分	6分	4分	2分
4.1 快乐地做必须做的每一件事情					
4.2 每一件事情都能达到120分的标准					
4.3 常年累月坚持这种做法					
第5部分：员工胜任度评价（30分）					
胜任能力分解	工作复杂度高		工作复杂度一般		工作复杂度低
完全能胜任当前工作	30分		20分		10分
能较好胜任当前工作	20分		10分		6分
基本胜任当前工作	10分		5分		4分
基本不胜任当前工作	5分		3分		1分
完全不胜任当前工作	0分		0分		0分

以上模型适用于企业内部所有员工评价，评价结果可以作为识别内部 A 级选手的依据，根据我们的经验，不同层级员工的评价方式及 A 级选手得分标准不同，具体对应如下（表 9-2）：

表9-2 不同层级员工评价方式及A级选手标准

员工层级	评价方式及权重				评价结果（X）对应等级		
	间接上级	直接上级	同级	下级	a级	b级	c级
A层级		40%	30%	30%	Aa $X \geq 85$	Ab $85 > X \geq 75$	Ac $X < 75$
B层级	30%	30%	20%	20%	Ba $X \geq 80$	Bb $80 > X \geq 70$	Bc $X < 70$
C层级	30%	30%	20%	20%	Ca $X \geq 75$	Cb $75 > X \geq 65$	Cc $X < 65$

续表

员工层级	评价方式及权重				评价结果（X）对应等级		
	间接上级	直接上级	同级	下级	a级	b级	c级
D层级	40%	30%	30%		Da $X \geq 70$	Db $70 > X \geq 60$	Dc $X < 60$
说明	（1）A层级对应高管、B层级对应部门负责人、C层级对应主管、D层级对应专员 （2）评价方式（间接上级、直接上级、同级、下级）及对应权重企业可以根据自己的实际进行调整 （3）评价结果对应等级中a级代表A级选手、b级代表准A级选手、c级代表伪A级选手，比如Aa代表A层级中的A级选手、Ab代表A层级中的准A级选手、Ac代表A层级中的伪A级选手，以此类推，Ba、Bb、Bc、Ca、Cb、Cc及Da、Db、Dc也是同样的道理						

根据以上模型，企业就可以简单直观地识别出哪些人是企业真正的A级选手，当然员工也可以对照以上模型进行自评，以便发现自己与A级选手之间的差距。

二、A级选手多元化发展

A级选手对于企业至关重要，因此为A级选手提供多元化职业发展通道，创造A级选手"快乐地做必须做的每一件事情；每一件事情都能达到120分的标准；常年累月坚持这种做法"的工作氛围，让A级选手为企业创造更大价值是至关重要的。

1. 职业取向测试，摸清A级选手职业发展方向

发现职业取向是A级选手职业发展的第一步，每个人由于自身性格特征、兴趣爱好、受教育程度、人生观、价值观等的差异，适合他的职业也是不同的，常见的职业取向测试方法有霍兰德职业兴趣测试（Vocational Preference Test，简称VPT）、迈尔斯布里格斯MBTI职业性格测试、九型人格测试、DSIC个性测试等。

（1）霍兰德职业兴趣测试。这种测试方法是由美国职业指导专家霍兰德提出的，霍兰德认为，个人职业兴趣特性与职业之间应有一种内在的对应关系。根据兴趣的不同，职业兴趣可分为研究型（I）、艺术型（A）、社会型（S）、企业型（E）、常规型（C）、实际型（R）六个维度，每个人都是这六个维度的不同程度组合（表9-3）。

表9-3 霍兰德职业兴趣分类

类型	特点	典型职业
研究型（I）	思想家而非实干家，抽象思维能力强，求知欲强，肯动脑筋，善思考，不愿动手。喜欢独立和富有创造性的工作。知识渊博，有学识才能，不善于领导他人。考虑问题理性，做事喜欢精确，喜欢逻辑分析和推理，不断探讨未知的领域	喜欢智力的、抽象的、分析的、独立的定向任务，要求具备智力或分析才能，并将其用于观察、估测、衡量、形成理论、最终解决问题的工作，并具备相应的能力。如科研人员、教师、工程师、电脑编程人员、系统分析员等
艺术型（A）	有创造力，乐于创造新颖、与众不同的成果，渴望表现自己的个性，实现自身的价值。做事理想化，追求完美，不重实际。具有一定的艺术才能和个性。善于表达、怀旧、心态较为复杂	喜欢的工作要求具备艺术修养、创造力、表达能力和直觉，并将其用于语言、行为、声音、颜色和形式的审美、思索和感受，具备相应的能力。如艺术方面（演员、导演、艺术设计师、雕刻家、建筑师、摄影家、广告制作人），音乐方面（歌唱家、作曲家、乐队指挥），文学方面（小说家、诗人、剧作家）
社会型（S）	喜欢与人交往、不断结交新的朋友、善言谈、愿意教导别人。关心社会问题、渴望发挥自己的社会作用。寻求广泛的人际关系，比较看重社会义务和社会道德	喜欢要求与人打交道的工作，能够不断结交新的朋友，从事提供信息、启迪、帮助、培训、开发或治疗等事务，并具备相应能力。如教育工作者、社会工作者等
企业型（E）	追求权力、权威和物质财富，具有领导才能。喜欢竞争、敢冒风险、有野心、抱负。为人务实，习惯以利益得失、权力、地位、金钱等来衡量做事的价值，做事有较强的目的性	喜欢要求具备经营、管理、劝服、监督和领导才能，以实现机构、政治、社会及经济目标的工作，并具备相应的能力。如项目经理、销售人员、企业管理人员等
常规型（C）	尊重权威和规章制度，喜欢按计划办事，细心、有条理，习惯接受他人的指挥和领导，自己不谋求领导职务。喜欢关注实际和细节情况，通常较为谨慎和保守，缺乏创造性，不喜欢冒险和竞争，富有自我牺牲精神	喜欢要求注意细节、精确度、有系统有条理，具有记录、归档、据特定要求或程序组织数据和文字信息的职业，并具备相应能力。如秘书、办公室人员、记事员、会计、行政助理、图书馆管理员
实际型（R）	愿意使用工具从事操作性工作，动手能力强，做事手脚灵活，动作协调。偏好于具体任务，不善言辞，做事保守，较为谦虚。缺乏社交能力，通常喜欢独立做事	喜欢使用工具、机器，需要基本操作技能的工作。对要求具备机械方面才能、体力或从事与物件、机器、工具、运动器材、植物、动物相关的职业有兴趣，并具备相应能力。如技术性职业（计算机硬件人员、摄影师、制图员、机械装配工），技能性职业（木匠、厨师、技工、修理工、农民、一般劳动）等

（2）迈尔斯布里格斯MBTI职业性格测试。这种测试方法是由美国心理学家布里格斯和迈尔斯母女——凯恩琳·布里格斯和她的女儿伊莎贝尔·布里格斯·迈尔斯在瑞士心理学家荣格划分的8种类型为基础上优化而来的。MBTI将一个人的职业性格从与世界怎样互动［外向型（E）、内向型（I）］、信息收集方式［感知型（S）、直觉型（N）］、决策方式［思考型（T）、感觉型（F）］、生活方式［判断型（J）、认知型（P）］四个维度进行分析，最终组合成16种职业性格特征（表9-4、表9-5）。

表9-4　MBTI职业性格测试维度

维度	类型	特征
与世界怎样互动	外向型（E）	通过人际关系获取能量，他们把注意力和精力放在身外的世界，主动与人交往，喜欢互动。与人为伴就精神抖擞，常认识很多人
	内向型（I）	通过个人思考和感觉获取能量，他们专注于自我的内心世界，喜欢独处并陶然其中。他们总是先想后做，这意味着心理活动居多。他们不喜欢受人注目，一般比外向型的人更矜持
信息收集方式	感知型（S）	倾向于收集详细的事实资料，他们注重自己看到、听到、触到、嗅到和尝到的具体感受。他们只相信可以测量、能够记录下来的东西，只注重真实可靠的事。他们也相信自己的个人经验
	直觉型（N）	较少关注事实资料，而侧重于思维各种可能性之间的彼此联系，他们更相信"第六感觉"（直觉），善于理解字面以外的含义，对一切事情都要寻求一个内在意义。他们总能预示事件的发生，通常不愿意维持事物的现状，总想不断来点新花样
决策方式	思考型（T）	在决策时较为客观，他们喜欢符合逻辑的决策，善于客观地分析一切，并常引以为豪
	感觉型（F）	常因自己的喜好和感觉决策。他们很能体贴人、常富有同情心，并因此自以为荣
生活方式	判断型（J）	计划性很强，只要生活安排得有条不紊、事事井井有序，他们就快乐无比，凡他们总要断个分明，喜欢决策
	认知型（P）	生活散漫随意，生活机动性强时最高兴，他们乐意尝试一切可能的事情，他们往往理解生活，而不是努力控制生活

表9-5　MBTI职业性格特征及典型职业

性格类型	个性特征	职业倾向特点	典型职业
ISTJ：内向、感知、思考、判断	一丝不苟、认真负责，而且明智豁达，是坚定不移的社会维护者；讲求实际、非常务实，总是孜孜以求精确性和条理性，而且有极大的专注力；不论干什么，都能有条不紊、四平八稳地把它完成	工作倾向于技术性工作，能生产一种实实在在的产品或有条理地提供一种周详服务；需要一种独立的工作环境，有充裕的时间让自己独立工作，并能运用自己卓越的专注力来完成工作	审计员、后勤经理、信息总监、预算分析员、工程师、技术作者、电脑编程员、证券经纪人、地质学者、医学研究者、会计、文字处理专业人士
ISFJ：内向、感知、感觉、判断	忠心耿耿、一心一意、富有同情心，喜欢助人为乐；有很强的职业道德，一旦觉得自己的行动确有帮助，便会担起重担	工作倾向于需要细心观察和精确性要求极高的工作；需要通过不声不响地在背后工作以表达自己的感情投入，但个人贡献要能得到承认	人事管理人员、簿记员、电脑操作员、顾客服务代表、信贷顾问、零售业主、房地产代理或经纪人、艺术人员、室内装潢师、商品规划师、语言病理学者
INFJ：内向、直觉、感觉、判断	极富创意、感情强烈、原则性强；具有良好的个人品德，善于独立进行创造性思考；即便面对怀疑，自己的观点仍坚信不疑；看问题常常更能入木三分	工作倾向于从事创新型的工作，主要是能帮助别人成长；喜欢生产或提供一种自己能感到自豪的产品或服务；工作必须符合个人的价值观	人力资源经理、事业发展顾问、营销人员、企业组织发展顾问、职位分析人员、企业培训人员、媒体特约规划师、编辑/艺术指导（杂志）、口译人员、社会科学工作者
INTJ：内向、直觉、思考、判断	典型的完美主义者；强烈要求自主、看重个人能力、对自己的创新思想坚定不移，并受其驱使去实现自己的目标；逻辑性强，有判断力，才华横溢，对人对己要求严格；独立性强，喜欢我行我素；面对反对意见，通常多疑、霸道、毫不退让；对权威本身，毫不在乎，但只要规章制度有利于自己的长远目标就能遵守	工作倾向于能创造和开发新颖的解决方案来解决问题或改进现有系统的工作；意愿与责任心强，在专业知识、智慧和能力方面能赢得自己敬佩的人合作；喜独立工作，但需要定期与少量智囊人物切磋交流	管理顾问、经济学者、国际银行业务职员、金融规划师、设计工程师、运作研究分析人员、信息系统开发商、综合网络专业人员
ISTP：内向、感知、思考、认知	奉行实用主义，喜欢行动，不爱空谈；擅长于分析，敏于观察，好奇心强，只相信可靠确凿的事实；由于非常务实，能很好地利用一切可资利用的资源，而且很会瞧准时机	工作倾向于做尽可能有效利用资源的工作；意愿精通机械技能或使用工具来工作；工作必须有乐趣、有活力、独立性强，且常有机会走出工作室去户外	证券分析员、银行职员、管理顾问、电子专业人士、技术培训人员、信息服务开发人员、软件开发商、海洋生物学者、后勤与供应经理、经济学者

续表

性格类型	个性特征	职业倾向特点	典型职业
ISFP：内向、感知、感觉、认知	温柔、体贴、敏感，从不轻言非常个人化的理想及价值观；常通过行动而非语言来表达炽烈的情感；有耐心、能屈能伸、十分随和、无意控制他人；从不妄加判断或寻求动机和意义	工作倾向于做非常符合自己内心价值观的工作；在做有益他人的工作时，希望注重细节；希望有独立工作的自由，但又不远离其他与自己合得来的人；不喜欢受繁文缛节或一些僵化程序的约束	销售代表、行政人员、商品规划师、测量师、海洋生物学者、厨师、室内/风景设计师、旅游销售经理、职业病理专业人员
INFP：内向、直觉、感觉、认知	珍视内在和谐胜过一切；敏感、理想化、忠心耿耿，在个人价值观方面有强烈的荣誉感；如果能献身自己认为值得的事业，就情绪高涨；对日常事物很灵活、有包容心，但对内心忠诚的事业义无反顾；很少表露强烈的情感，常显得镇静自若、寡言少语，不过，一旦相熟，他们也会变得十分热情	工作倾向于做合乎个人价值观、能通过工作陈述自己远见的工作；工作环境需要有灵活的架构，在自己激情高昂时可以从事各种项目；能发挥个人的独创性	人力资源开发专业人员、社会科学工作者、团队建设顾问、编辑、艺术指导、记者、口笔译人员、娱乐业人士、建筑师、研究工作者、顾问、心理学专家
INTP：内向、直觉、思考、认知	善于解决抽象问题；经纶满腹，不时能闪现出创造的睿智火花；外表恬静，内心专注，总忙于分析问题；目光挑剔，独立性极高	工作倾向于能配酿新观念的工作；专心负责某一创造性流程，而不是最终产品；在解决复杂问题时，能跳出常规的框框，冒一定风险去寻求最佳解决方案	计算机软件设计师、系统分析人员、研究开发专业人员、战略规划师、金融规划师、信息服务开发商、变革管理顾问、企业金融律师
ESTP：外向、感知、思考、认知	无忧无虑，属乐天派；活泼、随和、率性，喜欢安于现状，不愿从长计议；由于能够接受现实，一般心胸豁达、包容心强；喜欢玩实实在在的东西，善于拆拆装装	工作倾向于能随意与许多人交流的工作；工作中充满冒险和乐趣，能冒险和随时抓住新的机遇；工作当中当自己觉得必要时希望自我组织，而不是听从别人的安排	企业家、业务运作顾问、个人理财专家、证券经纪人、银行职员、预算分析者、技术培训人员、综合网络专业人士、旅游代理、促销商、手工艺人、新闻记者、土木/工业/机械工程师
ESFP：外向、感知、感觉、认知	生性爱玩、充满活力，用自己的陶醉来为别人增添乐趣；适应性强，平易随和，可以热情饱满地同时参加几项活动；不喜欢把自己的意志强加于人	工作倾向于能在实践中学习，利用常识搜集各种事实来寻找问题的解决方案的工作；喜欢直接和顾客和客户打交道；能同时在几个项目或活动中周旋；爱从事能发挥自己审美观的项目或活动	公关专业人士、劳工关系调解人、零售经理、商品规划师、团队培训人员、旅游项目经营者、表演人员、特别事件的协调人、社会工作者、旅游销售经理、融资者、保险代理/经纪人

续表

性格类型	个性特征	职业倾向特点	典型职业
ENFP：外向、直觉、感觉、认知	热情奔放，满脑子新观念；乐观、率性、充满自信和创造性，能深刻认识到哪些事可为；对灵感推崇备至，是天生的发明家；不墨守成规，善于闯新路子	工作倾向于在创造性灵感的推动下与不同的人群合作从事各种项目；不喜欢从事需要自己亲自处理日常琐碎杂务的工作，喜欢按自己的工作节奏行事	人力资源经理、变革管理顾问、营销经理、企业/团队培训人员、广告客户经理、战略规划人员、宣传人员、事业发展顾问、环保律师、研究助理、广告撰稿员、播音员、研发总监
ENTP：外向、直觉、思考、认知	好激动、健谈、聪明、是个多面手；总是孜孜以求地提高自己的能力；天生有创业心、爱钻研、机敏善变、适应能力强	工作倾向于从事创造性解决问题的工作；工作有一定的逻辑顺序和公正的标准；希望通过工作能提高个人权力并常与权力人物交流	人事系统开发人员、投资经纪人、工业设计经理、后勤顾问、金融规划师、投资银行业职员、营销策划人员、广告创意指导、国际营销商
ESTJ：外向、感知、思考、判断	办事能力强，喜欢出风头，办事风风火火；责任心强、诚心诚意、忠于职守；喜欢框架，能组织各种细节工作，能如期实现目标并力求高效	工作倾向于做理顺事实和政策以及人员组织工作；能够有效利用时间和资源以找出合乎逻辑的解决方案；在目标明确的工作中运用娴熟的技能；希望工作测评标准公正	银行官员、项目经理、数据库经理、信息总监、后勤与供应经理、业务运作顾问、证券经纪人、电脑分析人员、保险代理、普通承包商、工厂主管
ESFJ：外向、感知、感觉、判断	喜欢通过直接合作以切实帮助别人；尤其注重人际关系，因而通常很受人欢迎，也喜欢迎合别人；态度认真、遇事果断、通常表达意见坚决	工作倾向于，整天与人交往，密切参与整个决策流程；工作的目标明确，有明确的业绩标准；希望能组织安排自己及周围人的工作，以确保一切进展得尽可能顺利	公关客户经理、个人银行业务员、销售代表、人力资源顾问、零售业主、餐饮业者、房地产经纪人、营销经理、电话营销员、办公室经理、接待员、信贷顾问、簿记员、口笔译人员
ENFJ：外向、直觉、感觉、判断	有爱心，对生活充满热情；往往对自己很挑剔；由于他们自认为要为别人的感受负责，所以很少在公众场合发表批评意见；对行为的是非曲直明察秋毫，是社交高手	工作倾向于工作中能建立温馨的人际关系，能使自己置身于自己信赖且富有创意的人群中工作；希望工作多姿多彩，但又能有条不紊地干	人力资源开发培训人员、销售经理、小企业经理、程序设计员、生态旅游业专家、广告客户经理、公关专业人士、协调人、交流总裁、作家/记者、非营利机构总裁
ENTJ：外向、直觉、思考、判断	是极为有力的领导人和决策者，能明察一切事物中的各种可能性，喜欢发号施令；做事深谋远虑、策划周全；事事力求做好，生就一双锐眼，能够一针见血地发现问题并迅速找到改进方法	工作倾向于做领导、发号施令，完善企业的运作系统，使系统高效运行并如期达到目标；喜欢从事长远战略规划，寻求创造性的解决问题的方式	（人事、销售、营销）经理、技术培训人员、（后勤、电脑信息服务和组织重建）顾问、国际销售经理、特许经营业主、程序设计员、环保工程师

（3）九型人格测试。这种测试方法是由美国亚力山大·汤马斯博士和史黛拉·翟斯博士在他们1977年出版的《气质和发展》一书里面提出的，这种测试是从活跃程度、规律性、主动性、适应性、感兴趣的范围、反应的强度、心理的素质、分心程度、专注范围及持久性九个方面将人格分为九种，分别为完美型、助人型、成就型、自我型、理智型、疑惑型、活跃型、领袖型、和平型，与前面几种测试一样，不同的人格也对应不同的职业，在此不再赘述。

不论是霍兰德职业兴趣测试、迈尔斯布里格斯MBTI职业性格测试、九型人格测试，还是DISC测试，这些测试方法都是为了更加全面、客观地帮助企业摸清A级选手职业发展方向，企业可以根据自己的实际选择使用。

2. 锁定职业锚，明确A级选手职业选择

通过前面的职业取向测试，每位A级选手都可以清楚自己的职业发展方向，接下来A级选手还需要与企业一起规划并锁定自己的职业锚，常见的职业锚有职能/技术型、管理型、独立型、稳定型、创业型、服务型、挑战型、生活型等。

（1）职能/技术型职业锚。职能/技术型的人追求在技术/职能领域的成长和技能的不断提高，他们对自己的认可来自他们的专业水平，他们喜欢面对来自专业领域的挑战，他们不喜欢从事管理类工作，因为这将意味着他们放弃自己在职能/技术领域的成就。比如企业内部的很多A级选手，他们更喜欢从事某项技术研发或者钻研某项专业领域的工作。

（2）管理型职业锚。管理型的人更喜欢带领团队完成工作，并将团队或者企业的成功看作是自己的工作，具体的职能/技术工作在他们看来仅仅是通向更高、更全面管理层的手段。企业可以为此类A级选手提供诸如主管、经理、总监、副总、总经理等类似的管理岗位，以便让这些A级选手发挥价值。

（3）独立型职业锚。独立型的人希望摆脱因在大企业中工作而依赖别人的情况，他们更喜欢根据自己的喜好安排适合自己的工作和生活方式，需要给他们充分的自由度和空间，进而来激发他们的工作激情。

（4）稳定型职业锚。这些人追求工作、收入、生活的稳定性，极为重视长期的职业稳定和工作保障，他们可以预测将来的成功从而感到放松。企业可以根据这些A级选手的职业锚特点为其提供高稳定性的工作，以便他们能够更加忠诚于企业。

（5）创业型职业锚。创业型的人期望通过自己的努力创建自己的平台，这些人通常敢于冒险，并能克服种种困难与挑战。企业可以通过内部创业等手段为此类 A 级选手提供更加广阔的平台。

（6）服务型职业锚。这类人追求通过服务他人来体现自身的价值。

（7）挑战型职业锚。挑战型的人总喜欢去解决那些看似难度系数极高的问题和工作，他们以挑战不可能为工作乐趣，企业可以为此类 A 级选手提供诸如新产品开发、新客户开发等高难度的工作。

（8）生活型职业锚。生活型的人喜欢允许他们平衡并结合个人的需要、家庭的需要和职业的需要的工作环境，他们不期望因为工作而放弃享受生活。

当然，企业也可以根据内部职族职系情况规划和设计适合企业及员工实际的职业锚，供企业内部 A 级选手选择。

3. 打通 A 级选手职业发展通路

根据职业取向调查锁定每位 A 级选手职业锚之后，企业还需要完善职业发展通路，杜绝"管理独木桥""技而优则管""业而精则管"的现象，让每位 A 级选手结合自身的职业锚选择最佳的职业发展路径。当然，每位 A 级选手也需要根据自己的职业锚和企业提供的职业发展通路选定自己的职业发展路径。

如图 9-1 所示，企业可以按照管理、专业、技术设计多个发展通道，这样就可以保证所有 A 级选手都有广阔的发展空间。

4. A 级选手职业生涯规划

职业生涯规划是指针对员工个人职业选择的主观和客观因素进行分析和测定，确定员工的职业发展目标并努力实现这一目标的过程。换句话说，职业生涯规划要求根据自身职业取向及职业锚，将自己定位在一个最能发挥自己长处的位置，选择最适合自己能力的事业。

职位发展通路为 A 级选手职业生涯规划指明了方向，接下来企业要做的就是根据 A 级选手个人特征及职业发展定位进行系统规划，保证其快速成长。

对 A 级选手实施职业生涯规划，对员工、对企业都是非常有意义的事情。

（1）对于企业，通过职业发展规划，有以下几个好处：

①可以更深地了解 A 级选手的兴趣、愿望、理想，以使他能够感觉到自己

A级选手成长路径

是受到重视的人,从而发挥更大的作用。

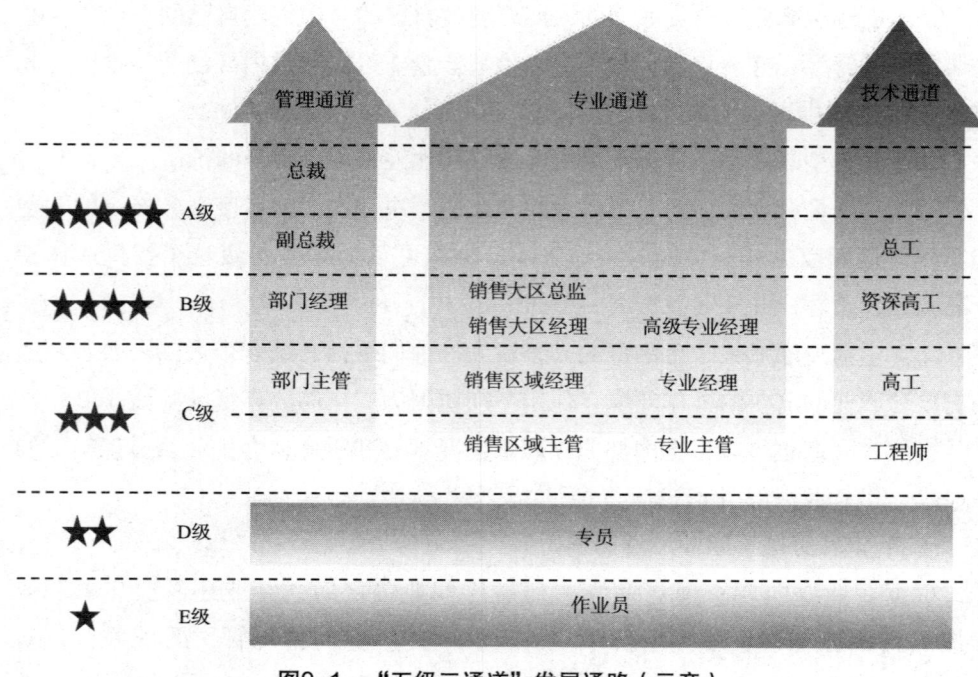

图9-1 "五级三通道"发展通路(示意)

管理通道:
- A级(★★★★★):总裁、副总裁
- B级(★★★★):部门经理
- C级(★★★):部门主管

专业通道:
- B级:销售大区总监、销售大区经理、高级专业经理
- C级:销售区域经理、专业经理、销售区域主管、专业主管

技术通道:
- A级:总工
- B级:资深高工
- C级:高工、工程师

D级(★★):专员
E级(★):作业员

②由于管理者和员工有时间接触,使得员工产生积极的上进心,从而为组织的工作做出更大的贡献。

③由于了解了员工希望达到的目的,管理者可以根据具体情况来安排对员工的培训。

④可以适时地用各种方法引导员工进入组织的工作领域,从而使个人目标和组织目标更好地统一起来,降低员工的失落感和挫折感。

⑤能够使员工看到自己在这个组织的希望、目标,从而达到稳定员工队伍的目的。

(2)对于A级选手,通过职业生涯规划,也有以下几个好处:

①以既有的成就为基础,确立人生的方向,提供奋斗的策略及动力,让每一位A级选手持续成功。

②突破并塑造清新充实的自我,在工作中找到乐趣,在工作中体现价值。

③准确评价个人特点和强项,让每位A级选手永远做自己喜欢做的事情。

④评估个人目标和现状的差距,找到努力方向。

⑤准确定位职业方向，尽量减少在职业发展过程中走弯路，走冤枉路。

⑥重新认识自身的价值并使其增值。

⑦发现新的职业机遇。

⑧增强职业竞争力。

（3）企业在对A级选手进行职业生涯规划时，可以按照以下四步进行：

①职业生涯诊断。职业生涯要理想与实际相结合，职业生涯诊断能够帮助员工真正了解自己，并且进一步评估内外环境的优势、限制，在"衡外情，量己力"的情形下，设计出合理且可行的生涯发展方向。只有把自身因素和社会条件做最大程度的契合，才能在现实中趋利避害，使职业生涯规划更具实际意义。

②确定职业生涯发展目标和成功标准。每个人的职业发展可以分为成长阶段、探索阶段、确立阶段、维持阶段和下降阶段五个阶段，不同的阶段应该设定不同的目标以及成功标准。

③确定职业生涯发展策略。确定职业生涯发展策略应把握四条原则：择己所爱、择己所能、择企所需、择企所利。员工在企业内部的发展基本上有三个方向。

纵向发展：即员工职务等级由低级到高级的提升，比如从专员到主管、从主管到经理、从经理到总监、从总监到副总等。

横向发展：指在同一层次不同职务之间的调动，如由人力资源部经理调到办公室任主任、由工程技术部经理横向发展到研发部经理。此种横向发展可以发现员工的最佳发挥点，同时又可以使员工自己积累各个方面的经验，为以后的发展创造更加有利的条件。

向核心方向发展：虽然职务没有晋升，但是却担负了更多的责任，有了更多的机会参加组织的各种决策活动。大家都知道企业内部并不是每个岗位的重要性都是一样的，只有少数岗位对企业经营起着至关重要的作用，因此向核心岗位发展也是A级选手职业生涯发展策略选择之一。

以上这几种发展都意味着个人发展的机会，也会不同程度地满足员工的发展需求。

不同的岗位其任职要求是不同的，不管是员工选择哪种发展方向，都必须满足一个前提，那就是达到或超过某一岗位的任职要求。而为了达到岗位要求，员工可以采用不同的策略。

④职业生涯管理。在确定了员工阶段性职业发展目标和发展策略后，员工便可按照既定的职业规划努力了，当然企业在这个过程中也需要不断为员工职位发展提供支持和帮助。

5. 全方位帮助 A 级选手实现职业目标

A 级选手职业生涯规划确定后，在后续执行的过程中往往会随着企业组织调整、员工职业锚变化等原因导致生涯规划无法有效执行，这就需要企业人力资源部门和员工的直接上级经常性地进行跟踪和辅导，并及时调整，帮助员工有效达成职业发展目标。

企业可参考如下具体做法：

（1）公司成立员工职业辅导委员会，各部门经理为成员；人力资源部负责职业辅导委员会的运作，每年召开一至两次会议，建立职业生涯档案，并负责保管与及时更新。

（2）实行新员工与主管领导谈话制度。新员工入职后的三个月内，由所在部门直接上级负责与新员工谈话并填写有关表格，主题是帮助新员工根据自己的情况如职业兴趣、资质、技能、个人背景分析考虑个人发展方向，大致明确职业生涯意向。由人力资源部跟踪督促新员工谈话制度执行情况。

（3）进行个人特长及技能评估。人力资源部及职业生涯辅导人指导员工填写"员工职业生涯规划表"，包括员工知识、技能、资质及职业兴趣情况等内容，以备以后对照检查，不断完善，一般每两年填写一次，新员工入职后的三个月内填写。

（4）人力资源部每年对照"员工能力开发需求表"和"员工职业生涯规划表"检查评估一次，了解公司在一年中有没有为员工提供学习培训、晋升机会，员工个人一年中考核情况及晋升情况，并提出员工下阶段发展建议。情况特殊的应同其直接上级讨论。

（5）职业生涯辅导人每年必须在本工作年度结束、考核结果确定后，与被辅导员工就个人工作表现与未来发展谈话，确定下一步目标与方向。

（6）建立员工职业生涯档案。职业生涯档案包括员工"员工职业生涯规划表""员工能力开发需求表"以及考核结果记录。每次培训情况记录在"员工能力开发需求表"中，晋级记录在"员工职业生涯规划表"中。考核结果记录存档，以作为对职业生涯规划调整的依据。

三、A级选手立体化激励

现如今比较公认的企业价值分配理念是"同创共享，合作共赢"，是的，A级选手作为企业的核心资源、中坚力量，为企业价值实现过程中贡献了智慧、创造了价值，因此，企业必须为A级选手设计一整套立体化的激励体系，从短期、中期到长期让A级选手享受更具诱惑力和市场吸引力的物质与精神激励。

1. 经典激励理论

在激励体系建立之前，在这里我们有必要对一些经典员工激励理论进行说明，这样才能有助于设计出科学、合理的A级选手激励体系，见图9-2。

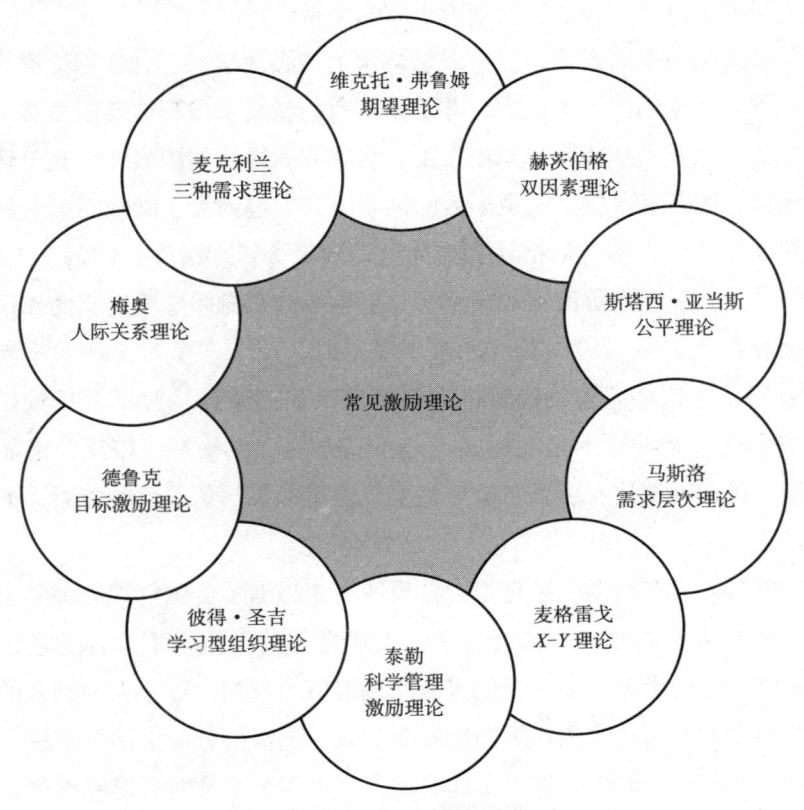

图9-2 常见激励理论

（1）维克托·弗鲁姆期望理论。维克托·弗鲁姆（美国著名心理学家和行为科学家，期望理论奠基人）认为人总是渴求满足一定的需要并设法达到一定的目标，这个目标在尚未实现时，表现为一种期望，这时目标反过来对个人的动机又是一种激发的力量，而这个激发力量的大小，取决于目标价值（效价）和期望概率（期望值）的乘积，即激励力量＝工作动力＝效价×期望值，其中：

工作动力＝一个人积极性的强度；

效价＝对某一个成果的偏好程度；

期望值＝因采取某个行动可能导致实现所求目标的概率。

可见，要想激励一位员工努力工作，可以思考从效价和期望值两个维度着手，为了便于应用，维克托·弗鲁姆又进一步提出了"个人努力—个人绩效—组织奖励—个人需要"模型，这个期望模式中的四个因素，需要兼顾几个方面的关系：努力与绩效之间的关系、绩效与奖励之间的关系、奖励与个人需要之间的关系、个人需要的满足与新的行为动力之间的关系。

（2）赫茨伯格双因素理论。赫茨伯格（美国心理学家、管理理论家、行为科学家、双因素理论创始人）认为，并不是所有的激励手段都能够激发员工的工作动力与激情，只有那些能带来积极态度、满意和激励作用因素才能充分调动员工工作积极性，因此赫茨伯格把员工激励因素分为保健因素、激励因素两种。

如图9-3所示，赫茨伯格认为诸如公司政策、管理措施、监督、人际关系、物质条件、工资、福利等因素的满足犹如卫生保健对身体健康所起的作用，当这些因素恶化到人们认为可以接受的水平以下时，就会产生对工作的不满意。但是，当人们认为这些因素很好时，它只是消除了不满意，并不会导致积极的态度，这就形成了某种既不是满意又不是不满意的中性状态。相反，诸如工作成就、赏识、挑战性工作、成长机会、奖金等因素如果具备了，就能对人们产生更大的激励。

（3）斯塔西·亚当斯公平理论。斯塔西·亚当斯（美国管理心理学家、行为科学家、公平理论创始人）认为，一个人对自己的工作报酬是否满意，不仅受到报酬的绝对值的影响，而且受到报酬的相对值的影响，如个人与别人的横向比较，以及与个人的历史收入作纵向比较等。人需要保持分配上的公平感，只有产生公平感时才会心情舒畅，努力工作；而在产生不公平感时会满腔怨气，甚至放弃工作，破坏生产。

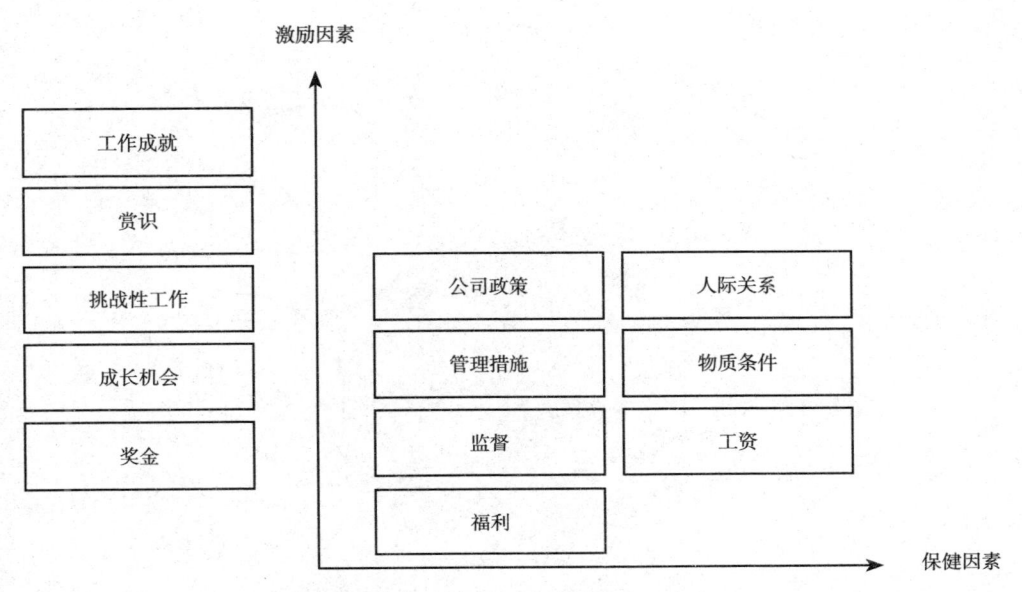

```
激励因素
  ↑
┌─────────┐
│ 工作成就 │
└─────────┘
┌─────────┐
│   赏识   │
└─────────┘
┌─────────┐        ┌─────────┐   ┌─────────┐
│挑战性工作│        │ 公司政策 │   │ 人际关系 │
└─────────┘        └─────────┘   └─────────┘
┌─────────┐        ┌─────────┐   ┌─────────┐
│ 成长机会 │        │ 管理措施 │   │ 物质条件 │
└─────────┘        └─────────┘   └─────────┘
┌─────────┐        ┌─────────┐   ┌─────────┐
│  奖金   │        │  监督   │   │   工资   │
└─────────┘        └─────────┘   └─────────┘
                   ┌─────────┐
                   │   福利   │
                   └─────────┘
                                            → 保健因素
```

图9-3　赫茨伯格双因素理论（示意）

（4）马斯洛需求层次理论。马斯洛（美国心理学家、需求层次理论创始人）认为，人类需求像阶梯一样从低到高按层次分为五种，分别是：生理需求、安全需求、社交需求、尊重需求和自我实现需求，企业在为A级选手设计激励体系的时候，需要考虑员工不同层次的综合需求。

除了前面介绍的几种经典激励理论之外，还有麦格雷戈的X-Y理论、泰勒的科学管理激励理论、彼得·圣洁的学习型组织理论、德鲁克的目标激励理论、梅奥的人际关系理论、麦克利兰的三种需求理论等，企业可以结合自身实际及A级选手需求选择合适的激励理论来规划并建设A级选手激励体系。

2. 激励体系设计原则

为了确保设计出对不同层级、不同类型的A级选手都有激励作用的激励体系，必须遵守以下原则（图9-4）：

（1）公平性原则。员工对激励的公平感，也就是对激励是否公平的认识与判断，是现代企业设计激励体系时首要考虑的因素。公平性原则包含内部公平、外部公平、过程公平、结果公平等内容。

（2）竞争性原则。在社会上和人才市场中，企业的激励水平要有吸引力，才足以战胜竞争对手，招到企业所需的人才，同时也才能留住内部A级选手。竞争性原则包含激励水平领先、激励结构多元化、激励价值取向合理等内容。

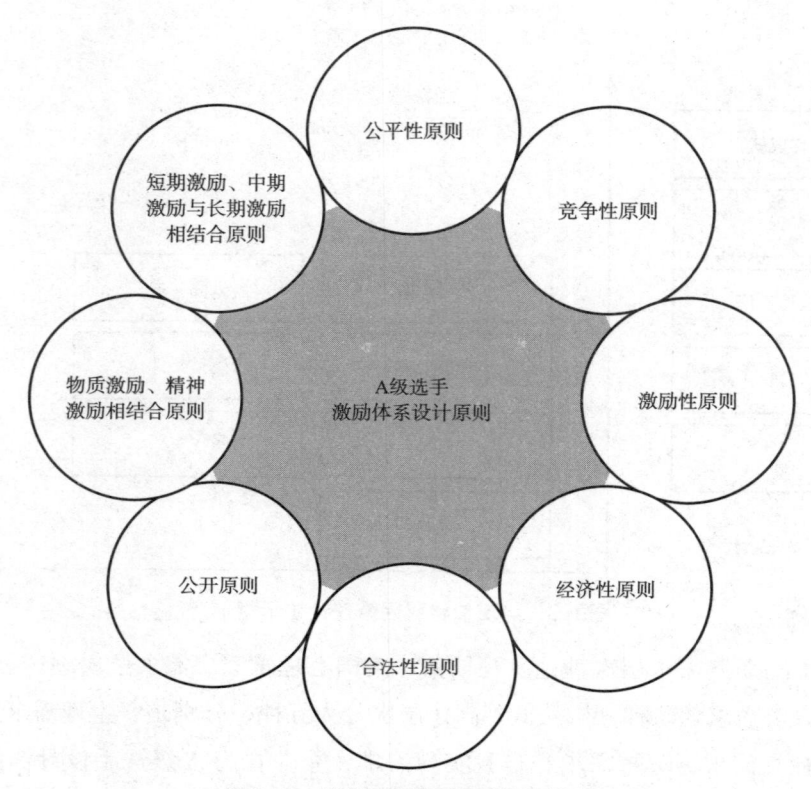

图9-4 A级选手激励体系设计原则

（3）激励性原则。要在内部各类、各级岗位的激励水准上适当拉开差距，真正体现激励效果，从而提高员工的工作热情，为企业做出更大贡献。激励性原则包含个人能力激励、团队责任激励、企业业绩激励等内容。

（4）经济性原则。提高企业的激励水准，固然可以提高其竞争性与激励性，但同时不可避免地导致企业人力成本的上升。因此，激励水平的高低不能不受经济性的制约，即要考虑企业实际承受能力的大小。经济性原则包含激励总额控制、利润合理积累、劳动力价值平衡等内容。

（5）合法性原则。现代企业的激励系统必须符合现行的政策与法律，否则将难以顺利地推行。合法性原则包含符合国家和地方政府的法律法规、符合企业自身各项规章制度等内容。

（6）公开原则。激励方案必须公开，能让员工了解自己从中得到的全部利益，了解其利益与其贡献、能力、表现的联系，以利充分发挥物质利益的激励作用。

（7）物质激励、精神激励相结合原则。A级选手激励不仅仅局限于物质层面，还应该包括精神层面、员工成长与发展层面。

（8）短期激励、中期激励与长期激励相结合原则。完整的激励体系既要考虑到对A级选手短期（当月、当季）激励，又要考虑到中期（当年）激励，还要考虑到长期（3～5年甚至更长）激励。

当然，企业在进行A级选手激励体系设计的时候，除了以上基本原则之外，还可以结合激励理论因地制宜地建立企业自己的激励原则。

3. A级选手激励体系

A级选手激励体系设计需要思考清楚以下几个核心问题：

（1）物质激励、精神激励，还是成长与发展激励。根据马斯洛需求层次理论与麦克利兰的三种需求理论，我们发现不同A级选手的需求是不同的，这就需要企业设计激励体系的时候充分考虑个体差异，不仅考虑物质激励，还需要考虑精神激励、成长与发展激励等（表9-6）。

表9-6 常见激励手段

激励维度	激励手段
物质激励	岗位工资、绩效工资、岗位津贴、福利（普惠制福利、弹性福利）、年终奖金、业务提成、项目奖金、总裁特别奖励、专项激励（如节能降本、知识产权申请、合理化建议、创新项目等）、期权、期股、股权等
精神激励	年度评优、业务标兵、三八红旗手、巾帼英雄、劳动模范、企业工匠等
成长与发展激励	脱产学习、在职学习、职位晋升、轮岗发展、挂职锻炼、师傅带徒弟、优才计划等

（2）短期激励、中期激励，还是长期激励。不同激励手段的激励周期是不同的，比如说给A级选手加工资的激励周期可能只有3个月，但发年终奖金的激励周期可能会延长到3～6个月，如果让A级选手享受期权、期股或者股权的话，激励周期可能会有1～3年甚至更长，A级选手作为企业的核心，企业必须思考建立一种短期激励、中期激励、长期激励相结合的激励体系才行。

（3）不同层级、不同类型A级选手激励手段（表9-7）。

表9-7　不同层级、不同类型A级选手激励手段（示意）

层级	管理职位族	营销职位族	技术职位族	供应链职位族	专业事务职位族
A层级	岗位工资 专项激励 年终奖金 股权激励				
B层级	岗位工资 绩效工资 专项激励 季度奖金 年终奖金 股权激励	岗位工资 业绩提成 专项激励 年终奖金	岗位工资 绩效工资 业绩提成 专项激励 季度奖金 年终奖金 股权激励	岗位工资 绩效工资 专项激励 季度奖金 年终奖金 股权激励	
C层级	岗位工资 加班工资 绩效工资 专项激励 季度奖金 年终奖金	岗位工资 业绩提成 专项激励 年终奖金	岗位工资 加班工资 绩效工资 业绩提成 专项激励 季度奖金 年终奖金	岗位工资 加班工资 绩效工资 专项激励 季度奖金 年终奖金	岗位工资 加班工资 绩效工资 专项激励 季度奖金 年终奖金
D层级		岗位工资 绩效工资 业绩提成 专项激励 年终奖金	岗位工资 加班工资 绩效工资 专项激励 年终奖金	岗位工资 加班工资 绩效工资 专项激励 年终奖金	岗位工资 加班工资 绩效工资 专项激励 年终奖金

（4）不同层级、不同类型A级选手激励水平（表9-8）。

表9-8　不同层级、不同类型A级选手激励水平（示意）

层级	管理职位族		营销职位族		技术职位族		供应链职位族		专业事务职位族	
	基本年薪	收入总额	基本年薪	收入总额	基本年薪	收入总额	基本年薪	收入总额	基本年薪	收入总额
A层级	75P	>90P	—	—	—	—	—	—	—	—
B层级	<75P	75P	75P	>90P	75P	>90P	<75P	75P	—	—
C层级	>50P	<75P	75P	90P	<75P	90P	50P	>50P	>50P	<75P
D层级	—	—	50P	75P	<75P	>75P	<50P	50P	<50P	50P

参考文献

[1] 水藏玺，吴平新.年度经营计划制订与管理[M].3版.北京：中国经济出版社，2018.

[2] 水藏玺.业务流程再造[M].5版.北京：中国经济出版社，2019.

[3] 水藏玺.不懂解决问题，怎么做管理[M].北京：中国纺织出版社，2019.

[4] 水藏玺，等.高绩效工作法[M].北京：中国纺织出版社，2019.

[5] 水藏玺，等.人力资源管理体系设计全程辅导[M].北京：中国纺织出版社，2016.

[6] 水藏玺，等.胜任力模型开发及应用[M].北京：中国经济出版社，2019.

[7] 水藏玺.学管理 用管理 会管理[M].北京：中国经济出版社，2016.

[8] 王守仁.传习录[M].北京：中华书局，2016.

[9] 黄开国，等.诸子百家大辞典[M].成都：四川人民出版社，1999.

[10] 郭咸纲.西方管理思想史[M].北京：世界图书出版公司北京公司，2010.

[11] 鲁培康.境界管理：五重境界管理模式[M].北京：机械工业出版社，2012.

[12] 陈春花.经营的本质[M].北京：机械工业出版社，2013.

[13] 杨国安.组织能力的杨三角[M].北京：机械工业出版社，2010.

[14] 彼得·德鲁克.管理的实践[M].齐若兰，译.北京：机械工业出版社，2018.

[15] 彼得·德鲁克.创新与企业家精神[M].北京：机械工业出版社，2018.

[16] 彼得·德鲁克.成果管理[M].北京：机械工业出版社，2018.

[17] 丹尼尔·A.雷恩，阿瑟·G.贝德安.管理思想史[M].6版.孙健敏，黄小勇，李原，译.北京：中国人民大学出版社，2012.

[18] 拉姆·查兰.高管路径："轮岗培养"领导人才[M].徐中，杨懿梅，译.北京：机械工业出版社，2011.

[19] 斯坦利·麦克里斯特尔，坦吐姆·科林斯，戴维·西尔弗曼，等.赋

能：打造应对不确定性的敏捷团队 [M]. 林爽喆, 译. 北京：中信出版社, 2017.

[20] 弗雷德·R. 戴维. 战略管理 [M]. 10 版. 李克宁, 译. 北京：经济科学出版社, 2006.

[21] 约翰·米勒. 问题背后的问题 [M]. 李津石, 译. 北京：电子工业出版社, 2006.

[22] 斯玛特, 斯特里特. 聘谁：用 A 级招聘法找到最合适的人 [M]. 任月园, 译. 深圳：海天出版社, 2009.

[23] 高杉尚孝. 麦肯锡问题分析与解决技巧 [M]. 郑舜珑, 译. 北京：北京时代华文书局, 2014.

[24] 迈克·布伦特, 菲奥娜·爱尔莎·丹特. 团队赋能 [M]. 徐少保, 王琳, 译. 北京：北京联合出版公司, 2019.

[25] 迈克尔·韦斯特. 卓有成效的团队管理 [M]. 蔡地, 侯瑞鹏, 姚倩, 译. 北京：机械工业出版社, 2018.

[26] 彼得·霍金斯. 高绩效团队教练 [M]. 韩玉堂, 徐崛, 罗涛, 译. 北京：中国人民大学出版社, 2019.

附 录

本书案例来源及技术支持

| 信睿咨询 | 南粤商学 | 采贝教育 |

信睿咨询　　信睿咨询是由国内知名管理专家水藏玺先生、吴平新先生发起，以"持续提升客户经营业绩"为追求目标，始终坚持"以客为尊，以德为先"的经营理念。结合近二十年理论研究与企业实践，信睿咨询率先开创性地提出了"信睿 SMART-EOS 企业经营系统"理论，信睿咨询认为，企业的任何一项经营活动和管理行为都必须以提升企业市值和经营业绩为准绳。同时，在与客户合作模式方面，信睿咨询提出的"与客户结婚"和"咨询零收费"模式开创了国内咨询行业全新的商业模式。

目前，信睿咨询在深圳、苏州、常州、南昌、南宁、济南、武汉、天津、台州、运城、厦门等地设有分支机构。

南粤商学　　南粤商学是由国内知名管理专家水藏玺先生、张少勇先生等为核心发起人，联合近 300 位优秀企业家及企业高级管理者，以"信睿 SMART-EOS 企业经营系统"为理论基础，以"拓展管理视野"为使命，传播南粤（广州以南，珠江两岸）优秀企业管理经验，推动中国企业提升管理能力，怀揣"管理报国，利润报企，幸福报民"之理想，旨在帮助中国企业实现管理升级，为早日实现"中国梦"而努力。

采贝教育 深圳采贝教育有限公司是基于新型交互技术的产业技能生态平台。以"3链接+3定位+4体系"的产品理念,助力并参与行业人才标准落地,汇聚产业专家,数字化跨行业、跨领域专家,基于采贝教育特有的SSL方法论,共同萃取产业、企业、跨行业最佳实践,并以"云平台+服务+生态创新"模式构建的数智化技能生态平台为依托,支持企业在产业升级的大背景下,实现人才技能升级和管理。到目前为止采贝已为建筑、港口、地铁、燃气、机场、智能制造等主要行业领军企业提供一站式数智化人才升级服务整体解决方案。

水藏玺作品集

序号	书名	出版社	出版时间
1	吹口哨的黄牛：以薪酬留住人才	京华出版社	2003
2	金色降落伞：基于战略的组织设计	中国经济出版社	2004
3	睁开眼睛摸大象：岗位价值评估六步法	中国经济出版社	2004
4	管理咨询35种经典工具	中国经济出版社	2005
5	看好自己的文件夹：企业知识管理的精髓	中国经济出版社	2005
6	绩效指标词典	中国经济出版社	2005
7	培训促进成长	中国经济出版社	2005
8	拿多少，业绩说了算	京华出版社	2005
9	成功向左、失败向右：在企业的十字路口如何正确决策	中国经济出版社	2006
10	激励创造双赢：员工满意度管理8讲	中国经济出版社	2007
11	人力资源管理最重要的5个工具	广东经济出版社	2008
12	人力资源管理体系设计全程辅导	中国经济出版社	2008
13	企业流程优化与再造实例解读	中国经济出版社	2008
14	金牌班组长团队管理	广东经济出版社	2009
15	薪酬的真相	中华工商联出版社	2011
16	流程优化与再造：实践、实务、实例（第2版）	中国经济出版社	2011
17	管理成熟度评价理论与方法	中国经济出版社	2012
18	流程优化与再造（第3版）	中国经济出版社	2013
19	定工资的学问	立信会计出版社	2014
20	互联网时代业务流程再造（第4版）	中国经济出版社	2015
21	管理就是解决问题	中国纺织出版社	2015
22	年度经营计划管理实务	中国经济出版社	2015
23	学管理　用管理　会管理	中国经济出版社	2016

续表

序号	书名	出版社	出版时间
24	人力资源就该这样做	广东经济出版社	2016
25	人力资源管理体系设计全程辅导（第2版）	中国纺织出版社	2016
26	互联网+：电商采购•库存•物流管理实务	中国纺织出版社	2016
27	年度经营计划制订与管理（第2版）	中国经济出版社	2016
28	班组长基础管理培训教程	化学工业出版社	2016
29	互联网+：中外电商发展路径图	中国纺织出版社	2017
30	石油与化工安全管理必读	化学工业出版社	2018
31	年度经营计划制订与管理（第3版）	中国经济出版社	2018
32	不懂解决问题，怎么做管理	中国纺织出版社有限公司	2019
33	不懂流程再造，怎么做管理	中国纺织出版社有限公司	2019
34	高绩效工作法	中国纺织出版社有限公司	2019
35	业务流程再造（第5版）	中国经济出版社	2019
36	胜任力模型开发与应用	中国经济出版社	2019
37	年度经营计划制订与管理（第4版）	中国经济出版社	2020
38	不懂激励员工，怎么做管理	中国纺织出版社有限公司	2021
39	不懂带领团队，怎么做管理	中国纺织出版社有限公司	2021
40	不懂组织再造，怎么做管理	中国纺织出版社有限公司	2021
41	不懂任职资格，怎么做管理	中国纺织出版社有限公司	2022
42	人力资源管理体系设计全程辅导（第3版）	中国经济出版社	2022
43	A级选手成长路径	中国纺织出版社有限公司	2022